做好事
说好话
存好心

星云

当代人心

代心

当人

国际佛光会主题演说（1992—2012）

星云大师 著

人民东方出版传媒
People's Oriental Publishing & Media

东方出版社
The Oriental Press

图书在版编目（CIP）数据

当代人心：国际佛光会主题演说／星云大师 著. —北京：东方出版社，2013.8
ISBN 978-7-5060-6794-2

Ⅰ.①当… Ⅱ.①星… Ⅲ.①佛教—人生哲学—通俗读物 Ⅳ.①B948-49

中国版本图书馆 CIP 数据核字（2013）第 203621 号

本书中文简体字版权由上海大觉文化传播有限公司独家授权出版
中文简体字版专有权属东方出版社
著作权合同登记号 图字：01-2013-3637 号

当代人心：国际佛光会主题演说
（DANGDAI RENXIN：GUOJIFOGUANGHUI ZHUTI YANSHUO）

作 者：星云大师
责任编辑：贺 方 王 萌
责任审读：刘越难
出 版：东方出版社
发 行：人民东方出版传媒有限公司
地 址：北京市西城区北三环中路 6 号
邮政编码：100120
印 刷：北京联兴盛业印刷股份有限公司
版 次：2014 年 1 月第 1 版
印 次：2022 年 4 月第 2 次印刷
开 本：880 毫米×1230 毫米 1/32
印 张：7.375
字 数：150 千字
书 号：ISBN 978-7-5060-6794-2
定 价：35.00 元
发行电话：(010) 85924663 85924644 85924641

目录

序 / 1

欢喜与融和 / 1

同体与共生 / 11

尊重与包容 / 19

平等与和平 / 31

圆满与自在 / 45

自然与生命 / 57

公 是 公 非 / 69

人间与生活 / 77

发心与发展 / 95

自觉与行佛 / 115

化世与益人 / 143

菩萨与义工 / 163

环保与心保 / 189

幸福与安乐 / 215

目录

【序】一个主题·一个理念

一九九二年五月十六日，国际佛光会在美国洛杉矶成立。二十年来，佛光会的会员秉持弘法利生，建设佛光净土的宗旨，在教育、文化、慈善、修行、服务各方面，都有长足的进展，也获得各界的肯定。二〇〇三年，更由联合国正式授证为"非政府组织 NGO"咨询顾问。

创会以来，于国际佛光会每年例行举办的会员代表大会上，我都会发表一篇"主题演说"，作为会员的精神指标与未来努力的行事方向。

首先，为了把欢喜布满人间，使世界不分种族、国籍，皆能融和一体，和睦相处，我提出"欢喜与融和"；为了让大家明白法界一切众生，都是互相依附、共存共荣的生命共同体，我提出"同体与共生"。

在往来频繁的现代社会里，以尊重的态度待人处事，以包容的心胸利益他人，是非常重要的，于是有了"尊重与包容"；政治上以强欺弱，经济上贫富不均，以及宗教、种族的排挤等，都是因为彼此不能平等共存所致，因此有了"平等与和平"。

现实生活中有许多的缺憾，如人间的悲欢离合，生命的苦乐无常，环境的污浊恶化等等，都让人身心不得自在，我想"圆满与自在"应是世人最向往、最欣羡的境界了；自然是世间的本来面目，唯有尊重自然，顺从自然，我们的心灵才能解脱，我们的生命才能自由，以"自然与生命"为题，是希望唤醒人类的觉醒，珍惜生命，言行事理不违自然的准则。也以"环保与心保"来说明除了重视外在的生态环境，更应净化身口意三业，因为心中的清净才是最根本的环保。

科技文明丰富了物质生活，但也影响我们的价值观；现代人常常是非观念混淆，所以提出"公是公非"的主题。"因缘果报"、"缘起性空"之般若真理，是"公是公非"；"公平正直"、"无我无私"之处事原则，是"公是公非"。人人都有"公是公非"的道德勇气，才能再造一个公理正义的社会。

发心，是佛门很美好的用语，指的是开发我们内心的宝藏。为免流于空谈，我提出要发"慈悲心、增上心、同体心、菩提心"四种心。除了开发内在的心地，也要开发外在的世界，所以还要有四种发展："发展人性的真善美好，发展世间的福慧圣财，发展人际的和乐爱敬，发展未来的生佛合一。"发心，是建设自己；发展，是建设世界。"发心与发展"是每个人对自己、对家庭、对社会、对国家，甚至对全宇宙人类应有的使命。

为了将佛法真正落实于生活，将佛教根植于人间，在"人间与生活"的主题中，我推动"佛教四化"，即"佛法人间化，生活书香化，僧信平等化，寺院本土化"。有感于一般佛教徒的信仰大都停留在信佛、拜佛、求佛的阶段，我揭示"自觉与行佛"，希望人人自我期许"我是佛"，以自觉心升华自我，用大愿力行佛所行。一个宗教能被接受，能亘古长存，是因为它将正法弘化世间，并利益众人，因此，我以"化世与益人"，作为大家弘法的目标。

社会各个角落，都有众多服务人群、造福乡梓，默默奉献一己之力的义工；他们正是菩萨精神的体现。菩萨是众生的义工，义工是人间的菩萨，我以"菩萨与义工"感谢大家的付出，并期勉人人当义工，为人间点燃善美与光明。

幸福安乐，是每个人渴求的，但是真正的幸福是什么？如何才能得到究竟的安乐？在"幸福与安乐"中，我以"淡泊知足、慈悲包容、提放自如、无私无我"，提供给大家参考。

虽然年年主题不同，但是一个主题，一个理念；这些理念不受限于时空，尤其更符合当代社会人心之需求！

"同体"、"共生"、"自然"，是宇宙万物，生命生存的现象；"欢喜"、"融和"、"尊重"、"包容"、"平等"、"和平"，是世间人际往来应该遵行的准则；"公是公非"、"发心"、"发展"，是人类社会进步与提升的条件；当每个人都能"自觉"、"行佛"、"化世"、"益人"，就是自利利他，自他都

"幸福安乐"、"圆满自在"了。

香海文化将我历年来的"主题演说"编辑成书。现东方出版社将出版简体版，甚为欣喜，我简略叙说这些主题的缘起与精神，是为序。

二〇一三年八月

星云于佛光山法堂

欢 喜 与 融 和

现世悲苦的实相　不足以代表佛教

佛教的真相是禅悦与法喜

我们要用入世替代出世　用积极取换消极

用乐观改变悲观　用喜世摧毁厌世

用欢喜的奉献　展现国际佛教的生命力与正觉观

地点：美国洛杉矶西来寺

时间：1992 年 5 月 16 日

国际佛光会各国地区会长、各位会员代表、各位贵宾：

今天，欣逢"国际佛光会"第一届会员代表大会，暨世界总会成立大会，有来自世界五大洲，四十八个国家和地区的精英代表，齐聚于美国洛杉矶西来寺，四千余人参与此一盛会，初步体现了"佛光普照三千界，法水长流五大洲"的理想。

在现代世界文明互相交流，地球村民往来频繁之际，佛教也逐渐突破旧有形态，走出山林，进入社会；扩大寺院功能，深入人群服务；步向家庭，助益国家，进而超越国界而延伸全球。为了促进人类融和，发扬慈悲友爱精神，国际佛光会乃应运而生。

依星云个人的体会，本会是具足：

一、信仰的根性——以虔诚信仰的佛法，建立本会的基础。

二、普及的特性——以普及人间的服务，作为本会的目标。

三、现代的适性——以适应现代的发展，形成本会的风格。

四、国际的广性——以扩大国际的交流，开阔本会的胸襟。

所以我们主张，佛光会员要能做到：

一、做个共生的地球人。

二、做个同体的慈悲人。

三、做个明理的智慧人。

四、做个有力的忍耐人。

五、做个布施的结缘人。

六、做个清净的修道人。

在我们步上世界舞台的时刻，呈现给世人的必须是一个欢喜的团体，融和友爱的组织，所以将此次大会的主题定为"欢喜与融和"。

过去，佛教常常给予人们以消极、悲观、厌世的错觉，深山苦修，导致佛教积弱不振。诚然佛陀慈悲教诫世间是苦、空、无常，但他同时也指示对法乐喜悦的追求。因此现世悲苦的实相，不足以代表佛教，佛教的真相是禅悦与法喜。佛教有慈悲喜舍的内容，有利乐人间的圣道，有极乐净土、琉璃世界的美妙乐悦。凡是在佛法中有体验证悟的人，总是欢呼着："法喜！解脱！禅悦！安乐！"在在表现佛教导人欢喜、令人快乐的实情。我相信国际佛光会的建立，一定能把我们的欢喜展现出来，将我们的法乐散布出去。我们要用入世替代出世，用积极取换消极，用乐观改变悲观，用喜世摧毁厌世。用欢喜的奉献，展现国际佛教的生命力与正觉观。

依据佛经记载，佛陀宣讲佛法时，他是"助令欢喜"、"欢喜说法"、"示教利喜"的典范，诸弟子闻法皆"心生欢喜"、"愿乐欲闻"，大众更以"欢喜踊跃"、"欢喜信受"、"欢喜奉行"乃至"欢喜赞叹，作礼而去"表达对佛法的信受。这么一场欢喜春风，早在佛陀时已散发遍布。佛教所拥有的法喜禅悦，才是真谛宝藏。

所以国际佛光会全体会员，所许的共同的愿望："我们要把欢喜布满人间！"

因欢喜修道而体悟功德者，也所在多有，如："我于喜乐念乐中，欲求五功德果。"（《释提桓因问经》）"欢喜恭敬心，能问甚深法。"（《华严经》"入法界品"）"诸佛子菩萨，住于极喜地时，极多欢喜，多净信、多爱乐、多适悦、多忻庆。"（《十地经》）普贤菩萨就是以"随喜功德"作为第五项修行指标（《华严经》"普贤行愿品"）。弥勒菩萨也赞成在快乐修行中获至菩萨行："以善巧方便，安乐之道，积集无上正等菩提。"（《弥勒菩萨所问本愿经》）

诸佛菩萨当中，以"欢喜"成就佛道的，有众所熟悉的笑颜常开的弥勒佛之外，尚有：欢喜王菩萨、欢喜念菩萨、欢喜意菩萨、欢喜力菩萨、欢喜快乐佛、欢喜自在佛、欢喜庄严佛、欢喜藏佛、欢喜德佛、欢喜无畏佛、欢喜威德佛等（出自《佛名经》），可见"欢喜人生"的提倡，诸佛菩萨早就以此作为修行入佛的常道。

其实，人类生命轮回的过程已够苦了，何忍再加诸忧悲苦恼于世间？我们为了解决苦恼的难题，提出一剂"欢喜"的良药来医治。我们要创造一个进取的理念：给人幸福，给人快乐；要让大家分享欢喜，具足希望。佛陀说"诸行无常"当得会意："无常很好！"无常就是变化，好的会变成坏的，坏的也会变成好的，因为无常，所以一切在"因、缘、果"的法则下，只要善因善缘，均能否极泰来，时来运转，生机出现而希望无穷。故吾等国际佛光人由寻求自身轻安法喜，体证超越时空的清净安乐，更要散播自受用和他受用的禅悦给大众，将我们身口意的无限欢喜，呈献于法界之内，普世之前。让那些已经忘了微笑，许久没有关怀，愁眉深锁的朋友获得一份"欢喜灌顶"。让我们秉持着"慈悲喜舍遍法界，惜福结缘利人天；禅净戒行平等忍，惭愧感恩大愿心"的理念，开创佛教欢喜的风气，促使幸福快乐的人间佛教，源远流长；让欢喜的人们永保乐观，就算娑婆八苦交煎，我们也要做到从心不苦，进而做到身不苦，因为在佛光普照下，我们要让忧苦的阴影荡然无存！

在佛光山上，灵山胜境的山门定为不二门，有一则对联是："不二本无门，二不二，具是自家真面目；灵山称胜境，山非山，无非我人清净身。"佛陀的清净法身与众生的真实自性，是同源一体，无二无别。在佛性中根本存在融和、平等与圆满的本性，不需外求。今天国际佛光会草创开始，除欢喜外，必能秉着"融和"之容性，吸收会员，接纳会友，扩展会务，发扬会风。

"融和"是一种容人的雅量，一种平等的相待，一种尊重的言行。国际佛光会正需具备一份容纳异己的气量，方能有博大的未来。古谚："泰山不辞土壤，大海不捐细流。"昔日，齐桓公延用敌师管仲，得以九合诸侯，一匡天下；唐太宗推崇魏征鲁直规谏，显示宽容大度。同样地，佛门传颂：

"百川汇归大海，共一咸味。""各族入佛，同为佛子。"昔日，刹帝王孙难陀和阿难尚对首陀罗贱民出身的优波离，拜火教的迦叶，好玄论的迦旃延，尊奉为师兄，概因"四姓出家，同为释氏"的平等性，由此可知佛陀早就打破种族交界线、阶级差别。佛陀慈悲融和的性格，使佛种得以遍撒各地，佛法得以流传至今。今日，国际佛光会要屹立于世界，更需要努力接纳别人，融和众生，才能成长茁壮。

星云一向主张，同中容异，异中求同。在佛教里，南北传的佛教要融和，传统和现代的佛教也要融和；禅净要融和，显密也要融和；僧信要融和；世出世法也要融和。融和就是中道，中道才是真正的佛法。今日世界更需要融和，国家与国家要融和，种族与种族要融和，士农工商与士农工商要融和，群我之间更要有群我之间的融和，政党主义应与政党主义融和，因为融和才是今后地球人的共生之道！

世人以心地不够宽大的陋习是："自己萎弱，厌人健全；自己恶动，怪人活泼；自己饮水，嫉人喝茶；自己呻吟，恨人笑声。"国际佛光人与此陋习恰恰相反；佛光人是实行菩萨道的："人在山林，要心怀社会；立足地球，要放眼宇宙；身居道场，要普利大众；天堂虽好，要美化人间。"处在融和的修行中，平等尊重，有活泼的人我一如，更有健全的自他两利。

古来的佛教，一直十分注重融摄反对者的理论，以及吸收异论者合理的思想，更不断取得其他学派、宗教中适合的善巧与方便，以适存于各地域、各历史、各文化、各社会与环境之中，以发挥佛教强韧的生命力。佛教对外如此，对内更是以融和来兼容并蓄。二千六百多年来，佛教几经万花齐放、百鸟争鸣，绽放出极其缤纷的光彩。在佛理、教义上有顿渐、迷悟、真妄、空有等不同的学说与议论；在印度宗派上有大众部、上座部的分歧；在中国有八大宗派的不同。不管什么殊异的发展，但总是不离佛教的三法印和八正道的轨范。可见佛法中蕴涵极深，包容极广。国际佛光会所推崇的，正是这类融和的佛法。我们的主张是：

一、以平等、尊重和开放的态度，容纳异教和异言、异人和异事，但要正而不邪。

二、以积极、慎重和稳健的作风，吸收其他的精华、特色与方法，但要与人有益。

三、以佛法、丰富和广博的内涵，滋养世间和人类，同体和共生，但要气宇胸襟。

四、以融和、交流和沟通的行动，接受文明和讯息，自觉和觉他，但要正心诚意。

所以国际佛光会全体会员共同的愿望是："我们要以融和与世相处！"

融和的重要，从最近发生的洛杉矶种族暴动事件也反映出来。正因为缺少了融和，缺少了包容，缺少了互相谅解，缺少了互相尊重，才会产生种族隔阂，才会产生种族歧视，最后也才会产生种族暴乱。看看世界种族纠纷不断，国家暴力纠缠不已，现代的文明已影响了和平与安宁，已败坏了天地法则与自然生态，这说明了国际佛光会提倡的"欢喜与融和"，不仅是主观的愿望，也确是客观的需要。就这一点来说，象征着欢喜与融和的国际佛光会世界总会，此时此地在洛杉矶正式宣告成立，更具有特殊的时代意义。我们在消除种族彼此歧视中扮演一个角色；我们在发展现代文化思潮中促进人类的和谐；我们在提倡弘法利生佛光普照时，带给世间的希望；我们在复兴佛教宣扬法音时，提醒大众的良知。这是国际佛光人的光荣，也是国际佛光人的义务！

国际佛光会的任务是一件接一件，国际佛光人的精神是一代传一代。在此，祈愿在三宝加被及佛陀慈光下，我们共以信心、耐心与恒心延续佛法慧命，同用佛心与慈念，化解自己和世人的愚昧！我们领纳"融和"的无量，付出"欢喜"的布施，实践国际佛光人的目的："提倡人间佛教，建设佛光净土，净化世道人心，实现世界和平。"

同 体 与 共 生

同体是平等观

众生相状　虽千差万别

清净佛性　却平等一如

共生是慈悲观

慈悲　才能容纳对方

融和　才能共生共存

地点：中国台湾高雄佛光山

时间：1993 年 10 月 18 日

地点：加拿大温哥华卑诗大学和平纪念馆

时间：1994 年 9 月 24 日

各位会友、各位嘉宾：

感谢佛陀的慈光加被，让万千来自世界五大洲，七十三个主要城市的佛教菁英，齐聚在国际佛光会的发源地——台北。在今天的殊胜日子里，我们佛光会的全体会员，以无比欢喜的心情，隆重地揭开了国际佛光会第二次会员代表大会的序幕。同时，也以共同的理念，提出了"同体与共生"的大会主题。

一、同体共生，圆满世界

佛陀一生说法四十九年，三百余会，每一次说法，从不以一地、一国、一时、一众为当机对象。说到地方，总是三千大千无量华藏世界；说到众生，就是十方法界等恒河沙数无边众生；说到时间，则无非三大阿僧祇劫。佛教讲因缘，认为天下本是一家，所有众生是因缘和合、一体不二。虚空中的日月星辰不分明暗，互相辉映；大地上的山岳丘壑不论高低，彼此连绵；宇宙间的奇珍异兽不管异同，相辅相成。因此，这个宇宙本来就是"同体与共生"的圆满世界！

"同体"，含有平等，包容的意思。譬如人身虽有眼、耳、鼻、舌、手、足等诸根的差异，但是却同为身体的一部分；地球虽然有各种国家、民族、地域的不同，但是却是共同仰赖地球而生存；众生虽然有男女、老少、强弱、智愚的分别，但是却同为众缘和合的生命体。相状虽然千差万别，但是清静的佛性是平等一如的。

"共生"，含有慈悲，融和的意思。法界一切众生是彼此互相依附，赖以生存的生命共同体。佛经有一则譬喻说瞎子、跛子、哑巴，借着互相提携帮助，终于安全地逃离火宅。一出精彩的戏剧，除了有主角的精湛演出之外，还需要配角的无漏配合。我们生存的社会，也需要士农工商各行各业，贡献每一个人的力量，才能建立祥和而共有的社会。慈悲，才能容纳对方；融和，彼此才能共生共存。

我们知道，"同体"是平等观，"共生"是慈悲观。佛教的特色在于平等的精神，佛陀最初创立僧伽教团，就是要打破印度四姓阶级的不平等，而提倡"百川入海，同一咸味；四姓出家，同为释氏"的平等观。佛陀初成道时，在菩提树下，发出金刚一般颠扑不破的宣言："大地众生皆有如来智慧德相。"揭橥心、佛、众生三无差别的同体平等精神，提倡"生佛平等"、"圣凡平等"、"理事平等"、"人我平等"的思想，我们的教主其实就是"同体平等"观的倡导者、推动者。

二、平等包容，众缘和合

佛经里可以看到许许多多"一佛出世，千佛护持"的实例，这些都是"同体平等"的有力凭证。《法华经》中，常不轻菩萨常怀"同体平等"的慈悲心，礼敬一切众生并且说道："我不敢轻视汝等，汝等皆当作佛。"佛陀降生蓝毗尼园时，一手指天，一手指地说："天上天下，唯我独尊。"十法界中的一切众生都是至尊至贵、平等无差的；般若性海里，众生的佛性都是清净不染的。

反观我们的社会，却存有种种差别对待的现象，譬如贫富的悬殊，权势的大小，出身的高低，教育的差距，乃至智愚贤肖的不同。因此，我希望佛光会员们能秉持"平等"的智慧，怀抱佛陀打破四姓阶级的无畏精神，努力推动：

（一）国际佛光会是一个主张慈悲包容的社团。

（二）国际佛光会是一个倡导众生平等的社团。

（三）国际佛光会是一个尊重家庭生活的社团。

（四）国际佛光会是一个重视社会福祉的社团。

三、无偏无私，共存共荣

在国际佛光会里，所有的会员不分国家、不分种族、不分男女、不分贫富，都是平等互尊的，因为我们一切会员是"同体共生"的地球人。

"共生"之所以说为慈悲观，是因为佛教一向提倡"无缘大慈，同体大悲"，慈悲是无偏私的关爱，慈悲是无对待的包容。慈悲不是工作中的上下阶级对待，也不是日常生活里的有无计较，更不是社会上的贫富差别。慈悲是众生与众生之间的融和与尊重。因此，慈悲，就是尊重生命；慈悲，就是共存共荣。

慈悲，是佛教的根本思想，佛教的众多经典中强调慈悲的重要性，譬如《法华经》："愿以大慈悲，广开甘露门，转无上法轮。""以大慈悲力，度苦恼众生。"《大智度论》："慈悲，佛道之根本。"《华严经》："诸佛如来，以大悲心为体故。"《明网菩萨经》："大悲为一切诸佛菩萨功德之根本。"《大丈夫论》："一切善法皆以慈悲心为本。"《增一阿含经》："诸佛世尊，成大慈悲；以大悲力，弘益众生。"慈与快乐，悲能拔苦，没有了慈悲，所行的一切都是魔法。

世界上国家与国家之间虽然有战乱，种族与种族之间虽然有仇隙，宗教与宗教之间虽然有派系，但是大家共同住在同一个地球之上，应该捐弃我见偏执，彼此守望相助，进而尊重每一个众生的生存权利，以"同体"来推动众生平等的思想，以"共生"来发扬慈悲喜舍的精神，让地球成为和平安乐的人间净土。

儒家以"老吾老以及人之老，幼吾幼以及人之幼"来发扬大同世界的"共生"精神，以"人溺己溺，人饥己饥"、"四海之内皆兄弟"来体现民胞物与的"同体"胸怀。有容乃大，慈悲无畏，在这世间里，海阔纵鱼跃，天空任鸟飞，因此海天能成其浩大；太虚纳星罗，寰宇布万象，因此宇宙能现其无边；仁王成就百家争鸣，智者不拒雅言异议，因此古往圣贤能扬其仁智；佛陀演说五乘共法，圣教鼓励八宗兼弘，因此佛教能显其宽大雍容。

从生物学的角度，我们也可以看到大地众生"同体共生"的现象。生物学上有三种的共生：

（一）鲸鱼与藤壶之间的"片利共生"；
（二）人类与蠕虫之间的"寄生共生"；
（三）水牛与牛椋鸟之间的"互利共生"。

动植物以不同时间呼吸氧气与二氧化碳，各取所需，相互受惠。在"食物链"里，草食动物以大地的青草为食物，肉食动物则捕捉草食动物为生，细菌又将死后的肉食动物分解，变成养分，回归大地，孕育草木，如此环环相扣，生生不息，这就是"同体共生"的因缘法。甚至水鸟的鹈鹕互助捕鱼，海狸合力筑坝，海豚群居团结，保持生机，人类日常生活所需，也是仰赖社会各行各业供给。法不孤起，仗境方生。因缘具足，一切才能成就。"同体共生"，动植物才能共同存在；"同体共生"，人类才能和平相安，"同体共生"，大自然才能保持生态平衡，这世间才有无限的生机。

四、互利互生，自然平衡

人类过去生活在神权控制的时代，把自己的命运祸福交给冥冥不可测知的神祇决定；后来人类建立了国家，君主主宰人民的一切，人类活在君权的笼罩之下；渐渐地，民智开启了，人类挣出君权的桎梏，迈向自己做主人的民权时代。民权时代老百姓虽然活得很尊严，但是毕竟以人类为中心，不能全面普及于一切众生。因此，今日我们要进一步从民权时代扩展至同体共生的生权时代，尊重有情、无情的一切众生，发扬"无缘大慈，同体大悲"的精神。

今日的社会因为缺少"同体平等"的认知，因此乱象迭起；当前的环境因为没有"共生慈悲"的观念，因此遭到破坏。我们要努力实践同体共生的理念，推动诫烟毒、诫色情、诫暴力、诫偷盗、诫赌博、诫酗酒、诫恶口的新生活七诫运动，净化社会人心；积极响应世界环保运动，不滥伐、不滥垦、不滥杀、不滥建、不滥丢，来挽救我们的地球。

"同体与共生"是宇宙的真理，然而目前世界却有许多人倒行逆施，自私自利，以致天灾频仍，人祸不息。所以，我们现在揭橥"同体与共生"作为这次大会的主题，不但合乎真理法则，更富有时代意义。让我们从现在开始，携手推广"同体与共生"的理念，将慈悲、平等、融和、包容实践在日常生活中，相信不久的将来，大家必定能共同拥有一个安和乐利的人间净土。

尊重与包容

尊重可以改善现有的环境

增添社会福祉

包容能够增进人际的和谐

广利一切众生

奉持五戒　就是尊重自由

包容接纳一切　才能拥有全面的人生

地点：澳洲雪梨达令港会议中心

时间：1995 年 10 月 15 日

各位会友，各位嘉宾：

大家都是来自全球各个国家的代表，不知道您们是否发觉：我们的主题——"尊重与包容"，正具体地表现在澳大利亚这块人间净土上？多年来，我来往于世界各地云游弘法，建寺安僧，深深感到在许多国家当中，澳洲政府对于各类种族最为包容，对于各种文化最为尊重，对于海外移民，也多方协助。所以，我们今天聚集在此，以"尊重与包容"为主题，召开"国际佛光会第四次会员代表大会"可说是最恰当不过了。

今天，自由、民主与科学已然成为世界的潮流，但是在人类的滥用之下，自由成为侵犯他人的借口，民主也变成牺牲弱小的武器，科学更是被野心家利用作为打倒邻国的工具。过去这三项被认为是社会进步的要素，如今却弊端百出，值此世局纷乱之际，我们提出"尊重与包容"来作为大会主题，希望能唤起世人彼此的关怀与共识。

经云："佛法在恭敬中求。"佛教最讲究"尊重"的修持，因此在世界的宗教历史中，唯有佛教没有发生过流血战争，我们应如何将"尊重"的美德落实于日常生活中呢？

一、尊重别人的自由

美国独立革命时，巴特利克曾经提出"不自由，毋宁死"的口号，翻阅中外历史，为了争取自由而抛头颅、洒热血的人士更是不胜枚举，可见自由是多么的可贵！然而令人讽刺的是，现代的民主社会中，往往有许多人曲解自由，任性非为，造成社会种种乱象，诚为可叹！其实，自由的真谛应该是以尊重他人的自由为自由。在种种学说教理之中，佛教的"五戒"最能将自由的精神表露无遗，因为不杀生，是在尊重别人生命的自由；不偷盗，是在尊重别人财产的自由；不邪淫，是在尊重别人身体的自由；不妄语，是在尊重别人名誉的自由；不喝酒，使自己神智清楚，就不会胡作非为。守此五戒，就懂得尊重别人的一切自由。我们看监狱里那些作奸犯科的人，哪一个不是因为违反五戒而身陷囹圄呢？

一个人若能奉持五戒，他的人格道德必定能够健全起来；一家人若能奉持五戒，这一家必定父慈子孝；一个社会若能奉持五戒，这个社会必定安和乐利；一个国家若能持五戒，这个国家必定富强康乐；整个世界如果能奉持五戒，这个世界就是一片净土。因此，凡我佛光人应该积极地推行五戒，不但不杀生，而且要爱护一切有情；不但不偷盗，而且要进一步喜舍布施；不但不邪淫，而且要维护自他家庭的美满幸福；不但不妄语，而且要以爱语赞美抚慰所有众生；不但不喝酒，而且要修习智慧，以正知正见来引导别人向善。

二、尊重生命的价值

佛教里有许多偈语都说明了生命的宝贵，例如"谁道群生性命微，一般骨肉一般皮；劝君莫打枝头鸟，子在巢中望母归。""我肉众生肉，名殊体不殊，本同一种性，只为别形躯。苦恼从他受，甘肥任我需，莫叫阎老断，自忖应如何？"生命是无价的，再多的钱财都无法买回宝贵的生命，所以我们应该尊重生命的价值，不但不要任意伤害一切众生的生命，更要珍惜自己的生命，自许做一盏明灯，发挥生命的光热，照亮温暖周围的人群；发心做一棵大树，展现生命的清凉，为众生作庇荫；立誓做一道桥梁，铺排生命的张力，导引大家到安乐的彼岸；乃至于甘愿做一滴雨露，释放生命的柔和，滋润有情的身心。

三、尊重大众的所有

我们每一个人都拥有自己的财物、感情，一旦失去原本所拥有的东西，就会感到忧悲苦恼，因此，我们不但不应将自己的快乐建筑在别人的痛苦上，强占他人所有，最好还能进一步以"享有"的思想来代替"拥有"的观念。例如：我们虽然没有花园洋房，但是如果能够带着欣赏的眼光，俯视路边五彩缤纷的花卉，花草树木就是我们的良朋好友；我们虽然没有万贯家财，但是如果能够保持善美的心情，仰望夜空晶莹闪亮的繁星，日月星辰就是上天赐给我们的无尽珍宝。

"溪声尽是广长舌，山色无非清净身"，古来的祖师大德们因为能用心眼洞察自然界无相之相，用心耳听世界无上声之声，所以拥有无边无尽的三千法界，不但无意向外攀缘有穷有尽的五欲六尘，更能以无上的慈心悲愿建设各种利生事业，为众生拔苦与乐。像守绸日夜辛勤，铺设道路；维溪不计劳苦，兴建水利工程；洪昉、道积、智严等建造病房，照顾贫病；道询默默修桥行善，达三百余座等事迹，皆为时人所感戴称道。道安大师在烽火乱世，仍讲学不辍，度众无数；太虚大师虽备受讥谤，却义无反顾，力图振兴教运，挽救国势，更足以为后世的楷模。《大智度论》云："视他妇如母，见他财如火，一切如亲亲，如是名等见。"佛光人应效法古德平等尊重的精神，为众生创造更多的福利，使大家共享美满的生活。

四、尊重天地的生机

澳洲朝野人士因为能够一致实践环保政策，所以处处显得蓊郁苍翠，景色怡人，不但飞禽走兽和人们亲如一家，连水中游鱼也乐于与人类亲近。在澳洲，不论有情无情，都是一片生机盎然的景象，实在是一件非常可喜的事，凡此均与佛教素来提倡的环保意识不谋而合。

《阿弥陀经》里，叙述极乐净土行树罗网，水鸟说法。《本生经》中，睒子菩萨在说话时不敢大声，怕惊扰众生；在走路时不敢用力，怕踩痛大地；无时无刻不敢乱丢东西，怕污染山河。可以说佛教里的诸佛菩萨就是倡导环保，维护生态的先锋祖师。古来的佛教道场大多建于名山大泽之中，寺众不但悉心合力照顾周遭环境的清洁美化，对于山林维护，水土保持也都相当地重视。《楞伽经》云：杀生食肉者断大悲种。佛教的持斋茹素，乃至护生放生，最主要是基于慈悲的精神，这正说明佛教是以最清净的心灵，最彻底的方式来爱惜众生的生命。

佛教主张"万法缘起"，认为法界中小至一芥子微尘，大至整个宇宙，彼此之间都具有互动的关系，唯有大家抱持一颗尊重心，让天地生机绵延不断，才能使一切众生的生存得到最佳的保障。

"尊重"固然可以改善现有的环境，增添社会福祉，"包容"更能够增进人际的和谐，广利一切众生。千百年来，佛教流传到世界各地，之所以能和当地文化水乳交融，形成本土化的佛教，造福社会人群，正是因为佛法真理包容无碍，故能涵摄十方，源远流长。我们应如何发扬佛教"包容"的教义，促进世界的祥和呢？

（一）包容异己的存在

生活环境、风俗习惯、语言文字、思维方式的差异，自然会形成大家彼此之间不同的意见。《金刚经》上说：菩萨要降伏其心，度脱众生，首需去除我相、人相、众生相、寿者相，简而言之，就是要我们以无私的心胸雅量，包容异己的存在，否则度己不成，又如何奢言利济有情？

佛教是世界上最包容的宗教，佛陀成道后，倡导"四姓出家，同为释氏"，从王宫贵胄到贩夫走卒，从异教外道到淫女贱民，只要肯发心向道，佛陀都包容接引，成为僧团的一份子，所以佛法能迅速地在五印度蓬勃发展，广被众生，而佛陀的门下成就道果者就有两千五百人之多，其中十大弟子更是各有专长。阿育王自从信奉佛教以后，不但一改杀戮侵略的恶习，息鼓收金，罗致十方，并且对于各种宗教都予以礼尊崇，凡此不但赢得人民的爱戴，也使得国家更加富强安乐。佛教在隋唐时代，八宗昌盛，竞相发展，使得中国佛教缤纷灿烂，事理辉映，后来流传到东亚各国，丰富了当地文化内涵，直至今日仍历久弥新，影响深远。可见，包容异己不但不会导致派系分歧，还能繁衍生机，形成枝叶荣茂，百花齐放的盛会。

（二）包容伤残的尊严

今年四月底我住院开刀时，和医生谈及：出家人并不畏惧生死，只是唯恐忍不住病痛，使得平日威仪庄严的形象受到损害，陈瑞祥大夫回答说："在我们医生眼里，健康的人有健康者的形象，病患者有病患的尊严，病痛并不可耻，所以在生病时哭叫也应该同样受到尊重。"这句话实在太美好了！菩萨般的医生行者，不就像药师如来一样，不但治疗众生色身上的疑难杂症，也抚慰有情心灵上的恐惧创伤。

南丁格尔因为能包容前线伤员的痛苦哀鸣，使血腥遍布的战地充满温馨的气氛；地藏菩萨因为能包容地狱众生的贪嗔愚痴，使得凄苦黑暗的炼狱产生无限的希望。一颗敬重包容心就像一支万能的点金棒，将缺陷的世界变得如许善美！

所谓"家家弥陀佛，户户观世音"，阿弥陀佛包涵众生的罪障深重，容许众生带业往生极乐；观世音菩萨不嫌娑婆浊恶，倒驾慈航，寻声救苦。由于他们的慈悲包容，所以佛教徒们纷纷将家里最好的位置让出来，供奉他们的圣像。因此唯有包容众生的一切长处、缺点、创伤、挫败，我们才能拥有全部的众生。

（三）包容冤仇的伤害

《八大人觉经》云："菩萨布施，等念怨亲，不念旧恶，不憎恶人。"佛教最高的教义，就是提倡众生平等。佛陀在菩提树下夜睹明星，证悟佛道时，曾发出惊叹的感言："奇哉！奇哉！大地众生皆有如来智慧德相！"《法华经》中叙述常不轻菩萨经常向人礼拜赞叹，并且说道："我不敢轻视汝等，汝等将来皆当作佛。"众人闻言，有生怒者，以杖石击之，常不轻菩萨却恭敬如昔，乃至远见增上慢人，也依然作礼。华藏世界里的众生，因为了悟生佛平等，自他不二，怨亲一如，物我和谐的道理，所以不但没有人我是非的纷争，而且大家都能以无量的悲心，无尽的愿力，互相包容，彼此尊重，因此形成光光相摄、圆融无碍、重重无尽的华藏净土。

娑婆秽土是个一半一半的世界；佛一半，魔一半；男一半，女一半；善人一半，恶人一半；智者一半，愚者一半……我们生活在这一半一半的世界里，不能只要这一半有利我的天地，拒绝那一半障碍我的世界。唯有统统包容，接纳一切，我们才能拥有全面的人生。扬汤不能止沸，以恨更不能消恨，面对一半不如意的人事，我们唯有以无缘同体的慈悲心、自他不二的平等心来包容对方，才能化解干戈，消弭怨怼，赢得更多的敬爱，获得美满的人生。

（四）包容无心的错误

"人非圣贤，孰能无过，知过能改，善莫大焉。"没有人喜欢犯错，而犯错也并不尽然都是坏事，如果因当事者能力求改正，错误往往是成功的奠基石。所谓"严以律己，宽以待人"，对于自己的过失，固然要严厉苛责，对于他人的错误，则应以宽容的耐心，给予改正的机会；以权巧的智慧规劝引导，令生正确的见解。华盛顿勇于承认砍断樱桃树的过失，得到父亲的嘉许，使得他一生都以"诚实"作为处世圭臬，造就了日后的丰功伟业；既聋又盲的海伦·凯勒，本来性情乖戾，在老师的循循善诱之下改过迁善，终于成为一位伟大的教育家。对于他人的错误，我们若能自他互易，立场调换，以包容代替埋怨，以谅解代替厌恶，以鼓励代替责备，以慈爱代替呵骂，以关怀代替放纵，以同事代替隔阂，我们的社会必定能够更加进步，我们的生活必能够更加美好。

我们的心量能包容多少，就能够完成多大的事业；如果我们能够包容一家，就可以做一家之主；能够包容一市，就可以做一市之长；能够包容一国，就可以做一国之君；能泯除一切对待，包容整个法界，就可随缘应现，逍遥自在，成为法界之王。偈云："竹密不妨流水过，山高岂碍白云飞。"我们若能具有包容的心胸，就可以像行云流水一样，穿越重重的阻难，在悠悠天地间任性遨游。

在科技进步，来往频繁的社会里，"尊重与包容"显得尤其重要，我们应该尊重他人的自由，以奉持五戒代替侵占掠夺；尊重生命的价值，以喜舍布施代替伤生害命；尊重大众的所有，以共享福利代替自私自利；尊重天地的生机，以环保护生代替破坏残杀。此外，我们更应用人我无间的雅量，包容异己的存在；用净秽不二的悲心，包容伤残的尊严；用怨亲平等的智慧，包容冤仇的伤害；用凡圣一如的认知，包容无心的错误。如果大家都能以尊重的态度敬业乐群，以包容的心胸广利众生，将娑婆建为净土将是指日可待之事。

在此祈求佛光加被，祝福大家吉祥如意，大会圆满成功！

平 等 与 和 平

世间万法一如

通体缘生　相互依存

但凭慈心悲愿　与乐拔苦

力行人我平等共尊

促成世界和平共荣

地点：法国巴黎国际会议厅

时间：1996 年 8 月 5 日

各位嘉宾、各位会友：

欢迎各位来到崇尚自由民主的巴黎，参加佛光普照的盛会。永久的和平是千古以来，人人梦寐以求的美景，尤其处在这个是非颠倒、战争迭起的时代里，人人自危，大家对和平更是渴望不已。然而，"以战止战"的和平主义经常被人利用，反使人类的祸害频传不已！

今天，举世纷纭，政治上的以强欺弱，经济上的贫富不均，宗教、种族的排挤，男女、地域的分歧，这些不能和平解决的问题，莫不是因为彼此不能平等共存所引起，所谓"不平则鸣"。因此我们在"国际佛光会第五次会员代表大会"的此刻，提出"平等共尊，和平共荣"来作为大会主题，正是希望来自世界各地的与会大众都能将平等的观念、和平的福音带回去，唤起地球人的觉醒与共识。

关于平等的主张，自古有之，但终未能究竟切中时弊，解决问题。今以佛法的"生佛平等"、"性相平等"、"自他平等"、"事理平等"、"空有平等"的原则，谨提出四点意见来说明对平等的看法：

一、平等必需要人我共尊

先贤曾说："敬人者人恒敬之，爱人者人恒爱之。"平等不是用强制的手段逼迫对方就范，而应该顾及对方的尊严，唯有人我共尊才能达到彼此平等的境地。像东西德过去的隔离、现在南北韩、巴尔干的分裂，彼此剑拔弩张，一直无法达成和平相处。但到一九九〇年，西德对东德的尊重包容，柏林围墙倒塌以后，人民心中那道无形的围墙随之冰消瓦解，从此大家在人我平等共尊的理念下，携手共创美好的未来。南北韩、台海两岸、以阿之间，如果彼此尊重，人我无间，则和平又哪会遥遥无期？

在佛教教义里，对于不同国家、种族、阶级、性别、年龄的人们，也最能赋予尊重，平等对待。二千五百年前的印度，佛陀喊出"四河入海，无复河名；四姓出家，同为释氏"的主张。正因为佛教拥有"人我共尊"的平等特性，心物一体的平等主张，因此在僧信两众携手合作之下，佛法得以迅速风行印度，乃至流传世界，也都能与当地文化相互融和，相互尊重，在历史上唯有佛教在流传的过程中未曾发生过战争流血的冲突。可见人我共尊是平等互惠的基石，也是和平进步的良方。

有人说："世间上没有完美平等的事情。"诚然，事相上的平等很难达成，但我们可以从心理上建立平等的观念。例如：母亲喂幼儿吃饭时，自己也张开嘴巴，作势诱导，所以母子之间水乳交融。父亲以身当马，让小孩骑在上面玩耍，因此父子之间心意相通。世间大小尊卑岂有一定的标准？我们唯有泯除成见，彼此共尊，人我同等，相互接纳，才能和平相处，共享安乐。

佛陀当初在证悟真理时，第一句宣言就说："一切众生皆有佛性！"众生由于因果业报的千差万别，在智愚美丑、贫富贵贱上有所不同，但论及全众生的本体自性，并无二致。这就好比三兽渡河，足有深浅，但水无深浅；三鸟飞空，迹有远近，但空无远近。我们应该以悲悯的胸怀来看待众生的苦难，以人我共尊的平等角度来包容彼此的差异，这才能促进和平！

二、平等要彼此立场互易

　　佛教里，佛陀告诉吾人，如何建设平等观念？必须要视人如己，一切众生皆如罗睺罗，必定能爱人如己。经典上也一再提醒我们，如何增长慈悲胸怀？见到别人苦难，要设身处地的为对方设想，假如他是我，或假如我是他，如此立场互易才能建立自他平等的相处。能平等相待，世界怎会不能和平？

　　我们见到一个身体残缺的人，有我优你劣的心态，怎能达到平等的尊重？必须要想残障的是我，立场互易以后，自然心境就会不同。

　　将社会上的丑陋缺失，看成与自己有关，自然不会排斥，自然会以慈悲胸怀，以平等观念去对待。所以唯有人我互易，异地互惠的平等方式，才能和平共存。

　　提婆达多多次害佛，佛不以为迫害，反而认为是逆增上缘，指鸯外道凶残暴虐，佛陀设身处地的施以慈悲，终能感化。

在《法华经·譬喻品》的火宅喻故事中，瞎子、跛子各有残缺，却各展所长互助合作，所以能一起逃出火窟，幸免亡身之难，但同为一蛇之身首尾之间却由于互有排斥，不能兼容，所以同归于尽。众生与我名虽有殊而体不殊，唯有互易立场，彼此成就，才能发扬平等的真谛，自利利他，这都在我人心念一转，平等现前，尊严必见，有何不能息争和平！

三、平等因为是万法缘生

宇宙万有不过是个因缘和合的假相，离开因缘，了无所得。即以我人为例，人之所以为人是个人业识与父精母血的因缘结合，方能出生，其后生命的延续生存，更须士农工商各个阶层提供种种食物资粮；一朵小花，也必须要阳光、空气、水份、土壤等因缘和合而开；一栋房子，也要有钢筋、木材、水泥、砖瓦、工程师的构思等有形无形的因缘条件才能建成；工商企业则要先筹集资本、调查市场、改良品质、研究促销，生意才能顺利开展。在我们生活境遇中，无处不是因缘：父母生养我们是血亲因缘；师长教育我们是学问因缘；农工商贾供养我们生活物品是社会因缘；出门乘坐交通工具是行路因缘；观赏娱乐节目是视听因缘……人们若离开因缘，任谁也无法生活下去。

也就是说，宇宙人生的一切都是因缘相互成就，相互存在。佛教的因缘果报，正是说明宇宙人生真理的关系。例如：说到时间，必定是有过去到现在才有未来；说到空间，有了东西南北方向才有中心；说到人间，有了你我他，人才能建立共存的生命。先有鸡？还是先有蛋？树上的果子能与地下的种子没有关系吗？所以"此有故彼有，此生故彼生；此无故彼无，此灭故彼灭"，万法缘生的定律不外果从因生，事待理成，有依空立，相由缘现，多从一生，佛由人来成。这说明：人我彼此相依，互生互存，你中有我，我中有你，缘生缘灭，彼此互为相等。能明白万法缘生的道理，才能从差别中求取平等，才能从矛盾中求取统一，发现一如的真相。

世间诸法虽有相状力用上的差别，但究其法性，则是一味平等。懂得因缘法，认识自他存在离不开因缘，则处处种好因，时时结好缘，人生必能有好因缘，凡事无往不利。所以即使是一人一物，一草一木，即使天涯海角的点滴事物看似与我无关，却都是我们生活上的恩惠，重要的助缘，我们也要心怀感激，时思报答。人人能平等对待万物，广结善缘，则世界焉有不能和平之理？

四、平等真义乃一多不异

一般人喜多厌少，以致比较、计较，起惑造业，这个世间也因而纷扰不断。其实在佛教看来，一就是多，多就是一，一多不异，性相圆融。因为万法一如，同体共生。随举一法，都与全体有密不可分的关系。例如：小国卢森堡或新加坡的总统到欧美访问，大国如美法总统，也一样要亲临机场迎接，以表尊重。因为不管国家大小，人民多寡，在一个同盟之下，价值是一样的，此即是一多不异的平等真义。

南美的巴西，拥有一片广大森林资源，具有调节地球上气温的作用，联合国曾明文规定，要巴西保护这片森林，不得任意砍伐。这虽只是在巴西国内的一个定点，但却可以影响到整个人类的环保存亡。

我们常看到世界各地有着几十万人或几百万人的示威游行，过程都非常激烈，但只要为首的领导人，登高一呼，立即可以解散；一个独裁暴君，万千群众亦可推翻，可见其中一多的关系并没有分别。

不管人口多少、土地大小、语言种类、经济悬殊，并不会影响其在国际上的地位，就像亚洲四小龙，就是一例。一颗尼拘陀树的种子埋在土里，经过灌溉施肥，可以结出万千果实；道家也说："道生一，一生二，二生三，三生万物。"一句话、一件事、一个人、一本书，甚至一个念头，都可以决定一个人或一个国家的命运，因为"一"具有众多的背景，因为"一"可能是众多的起因。所以我们不要因星星之火而轻视，因它可以燎原；不因少数民族而轻忽，因可能引起难以想象的族群问题；不因王子幼小而轻视，因他总有统理你的可能。这些都是多从一生，一多不异的例子。

平等要能以大尊重小，以多尊重少，以强尊重弱，以有尊重无，以上尊重下。平等是当然的习惯观念，世界在平等的观念之下，必定能获致和平。

上面论及"平等共尊"，才能导致和平，下面要谈到唯有"和平共荣"，才有平等共尊可言！

过去世界对和平的主张，有的认为以权力来促进平衡，有的主张以武力吓阻战争，这种以力止战，以战止战的方法，永远不能达到和平，只有共尊共荣才能和平！

诸葛孔明七擒孟获，不以力威折人；长寿王多次释放梵豫王，甚至让位免除战争；佛陀曾盘坐炎阳之下挡道，令琉璃王兵马主动休战，教示雨舍大臣侵略战争者，必然失败！

今日世界，由于意识型态的对立、经济资源的抢夺、分离运动、恐怖主义、历史宿怨、我法执著，造成伊拉克和科威特的对立，让两个国家妻离子散，家破人亡，母亲丧子泪水流个不停；波士尼亚、斯里兰卡、苏俄联邦间的内战，制造了多少死亡和仇恨！非洲部落的相残屠杀、朝鲜半岛的大战边缘、台湾海峡的险恶风云，都让举世滔滔万亿人，处在恐怖、痛苦的泥淖之中。

现在我们能够昧着良心，把眼耳关闭，任世间没有光明只有黑暗？没有善美只有罪恶？没有和平只有仇恨？所以我们不得不以"平等共尊"呼吁世界要和平共存！

平等与和平是一体两面的真理，真正的平等不是表相上，齐头式的平等，真正的和平也不是只用吓阻、限武、禁核等外在措施所能达成，我们还必须注意心灵的净化，思想的共识，观念的重新评估，对于如何促进和平？我谨提出四点意见：

（一）用慈悲能促进和平

佛教所提倡的慈悲，"慈"能与乐，"悲"能拔苦，观世音菩萨以慈悲可以走进信徒的心中，走进信者的家庭中，当然也可以走入世界和国家，就算我们无力给荣华富贵，但我们也要发愿去解除世间人类的痛苦。

阿育王征服印度诸多小国，怨恨不止，以慈悲教化，民心才肯降顺，所以用慈悲的力量才能化解凶暴；中国南北朝时代，石勒、石虎因佛图澄慈悲的感化，而放弃杀戮；十六世纪，西班牙人拉斯卡沙斯（B. deLas Casas）为捍卫印第安人的权益而仗义直言，终于阻止查理五世（Charles V.）大帝出兵攻打美洲大陆。世间上唯有法的胜利，才是完美的胜利，世间上最强大的力量不是枪炮子弹，而是慈悲忍耐的力量，才是真正的胜利。

我们不但要以同体的慈悲来解救众生，更要用无缘的慈悲为广大众生救苦救难；不仅要消极不做恶事，更要积极地行善；不要一时口号的慈悲，还要力行务实的慈悲；不要以图利求偿而行慈悲，更要以无相无偿而行慈悲。唯有慈悲平等，共荣的和平才能到来。

（二）除我执促进和平

华文的"我"，旁边是个"戈"，暗喻"我"是引起纠纷的最大因素；英文的"我"是个大写字母，可以见得"我"

是多么的自尊自大！的确，人类往往因为执著于"我"的看法、"我"的财富、"我"的利益、"我"的名位……而烦恼丛生，有了我执，见解就会偏了。

中国历史上春秋战国、南北朝时代的五胡十六国、美国的南北战争、南非的种族械斗、欧洲的新旧宗教战争，都是为了"我执"而引起的，所以老子说："吾所以有大患者，为吾有身。"佛教也强调："无明烦恼皆为我。"两个人在一起，各有我执就不能和平；一个家庭若各有我执，如选举时每个份子所支持的对象不同，就会造成家庭纠纷；社会国家若有太强的理念我执，就会无法和平。

战国时，赵太后问齐使，先问人民、后问赋税、再问君王，齐使不悦，而赵太后能以民为重的"民本"作风，能不执著自我，才能民治、民有、民享的天下为公！执我非无我，而是从小我到大我，从私我到公我！

第二次世界大战末期，美国总统罗斯福问太虚大师："如何才能和平？"大师回道："慈悲无我！"所以想要求得和平，正本清源之道，首先要消除心中的我执，四相不除，空华乱坠！我执既去，私欲不存，世间无我，战争何起？

（三）从宽容促进和平

宽，则能容；容，则能和；和，则能平。土地宽大，容积率建高建大；大海宽广，水底的世界多彩多姿。一个人若心能包容一个家，就能成为一家之长；包容一个国，就能成为一国之王；能心包太虚，就能成为法界之王！心量有多大，拥有的世界也就有多大！

世间上的战争有的人说是为了面包，有的人说是为了土地。其实真正的面包和土地，指的是内心的世界，能够征服内心自我一念，才能拥有无限的空间。

大海能容纳百川，大海才能广大；虚空能容纳万物，虚空才能无边。人能包容眼耳鼻舌身等，才能为己所用；包容父母亲属，亲属才能为你所有；包容世界种族、宗教、国家，自然就能和平共处。

今日世界所以你争我夺，尔虞我诈，正是由于人类的度量被名缰利锁系缚，以致人心不平、国土不安，所以我们要竖穷三际，横遍十方地扩大我们的心胸，包容异己，推己及人，兼善天下，才能广结善缘，涵摄十方，才能从宽容促进和平。

（四）共荣体促进和平

随着科技发达，工商进步，功利主义挂帅，许多人为了在竞争的时代里求取生存，不惜用尽一切机巧，结果不但自他无法受益，甚至扰乱社会祥和。而今日由于人类长久以来滥砍坡地、滥倒垃圾、滥用能源、滥杀生物，造成"地球反扑"的现象，一场物我之间的战争已无声息地展开了！原来世间的一切，都具有相互依存的密切关系，这正是提倡环保共存共荣的时代！

我们感谢世间在种族上有黄、白、黑、红多彩多姿的肤色；感谢有百多个国家可以共同往来，建立美好的友谊；感谢世间上有天主、基督、伊斯兰教、佛教等各种不同的宗教，让众多不同信仰的人们，各有其精神的依托。世界各地依其地理环境，都出产不同的金银铜铁，都生长不同的花草植物；依个人喜好有酸甜辛辣之味，依个人习惯有面饭饮食，天地间都供应着我们所需，我们怎能不共同建立集体创作的共荣观念？

红花虽好，绿叶配衬；五官虽美，也要四肢健全；高楼大厦也要山水围绕。今日要以慈悲心，平等共荣，以除我执，同体共生，那必然能带来和平。

一个人若不能征服自己的贪嗔愚痴，就不能拥有慈悲喜舍的胸怀！

古人说："独乐乐不如众乐乐。"个人的福乐有限，唯有化私为公，以众为我，才能共享安乐。二千五百年前，教主佛陀所标举的"六和僧团"便是这种共荣思想的先驱。所谓的"六和"指的是——

（一）见和同解：在思想上，建立共识，这就是思想的归一。

（二）戒和同遵：在法制上，人人平等，这就是法制的平等。

（三）利和同均：在经济上，均衡分配，这就是经济的均衡。

（四）意和同悦：在精神上，志同道合，这就是心意的开展。

（五）口和无诤：在言语上，和谐无诤，这就是语言的亲切。

（六）身和同住：在行为上，利益他人，这就是相处的和乐。

目前文明国家纷纷实行社会安全制度、物质救援第三世界、技术移转、宗教对话、科技整合、环境保护等措施，并且创设欧洲经济联盟、欧洲共同市场、北美自由贸易区、亚太经济合作、世界贸易协会等多种组织，一面促进经济合作，一面达成政治共识。而私人企业方面，也逐渐注重社会伦理，改变过去一味牟利的作风，而以服务完善、创造发明来增进全民福祉。

在人类历史的长河里，这些改善虽然仅仅踏出自我框框的一小步，但只要大家肯持之有恒，在教育上，注重大悲力、宽容心的培养；在文化上，推展人我共尊、互易立场的美德，在社会上，发挥万法缘生、一多不异的真理；在处事上，消除我执，携手合作，以期从时间的共荣、空间的共荣，达到人间的共荣，那么，建立平等社会、达到世界和平将是指日可待之事！

最后祈求佛光加被，祝福大家吉祥如意，大会圆满成功！

圆 满 与 自 在

握糖不放的拳头　无法挣脱瓶口
紧缩不放的脚步　无法向前迈进
唯有个人解脱自在
家庭方能和谐温馨
进而促成社会的和谐圆满

地点：中国香港红磡体育馆
时间：1997 年 10 月 29 日

各位贵宾、各位来自世界各地的佛光会会友们：

承蒙佛陀的光明和慈悲，让我们聚集在世界闻名的"东方之珠"——香港，召开国际佛光会第六次世界会员代表大会，实感无比欣喜。

由于港人的勤奋努力，香江经济繁荣、讯息快速、社会进步、人才辈出，不但居亚洲之首，而且一直是国际金融、航运、旅游、资讯、贸易、轻工业的中心，也是世界上最开放的自由港口，尤其今年香港的回归不但使得两岸三地的华人感到扬眉吐气，更让居住在全球的炎黄子孙倍觉欢欣鼓舞，我们在此地举行九七回归后首次佛教的盛会，可说是意义非凡。如果港人能够将"圆满自在"的真谛灌输在生活当中，散发到全球各地，相信香港的未来及世界的前途都会更加幸福美好，所以我们今天在此以"圆满自在"作为大会的主题，可说是最贴切不过了。

"圆满"，是最自然、最完美的意义；"圆满"，是人们最向往、最欣羡的境界，像花好月圆、子孙满堂、福禄寿全、白璧无瑕等等都是用来颂扬圆满的辞句。但是在现实生活中，往往有许多不圆满的时候，像人间的悲欢离合、生命的苦乐无常、感情的爱恨恩怨等等，都有如日之升沉起落、月之阴晴圆缺，总为吾人带来诸多遗憾。

说到"自在"，像鸟雀飞空、游鱼戏水，古往今来皆被人们所礼赞讴歌。无苦无恼的解脱，无忧无虑的自在，多么令人神往！但当今的社会，治安益形恶化、家庭成员不睦、政经局面动荡、人际缺乏共识、资讯纷至沓来、异说扰乱人心、物欲强烈诱惑……更让人感到身不自在，心不自在，处处都不自在。

在佛教里，无余涅槃灭除动乱、常乐我净的境界是何等的清净圆满！诸佛菩萨游诸国土、度脱众生的情景是何等的自由自在！我们应如何在生活中体证人间的圆满自在呢？

兹先从心意的包容说到人间的圆满自在，略提出八点意见，供大家参考：

一、从心意的包容到人间的圆满自在

世界之大，人、地、事、物各有不同，如果胸怀褊狭，排斥异己，自然就会左右碰壁，诸事不顺。像中国的历史名人项羽，武功盖世，本有胜算之望，但因疑嫉成性，反而错失天下；而刘邦因气度恢弘，礼贤下仕，故能运筹帷幄，决胜千里。战国时代，楚人懒于耕种，收成不佳，愤而挑衅，越界破坏梁国的作物，梁大夫却不以为忤，反命百姓为楚国翻土施肥，结果化干戈为玉帛。佛陀在世时，十大弟子各有特长；佛陀灭度后，部派学说百家争鸣。及至佛教东传，中国八宗兼弘，开出异花奇葩；禅门一花五叶，子孙绵延不尽。俗谓："大海能纳百川，故能成其大；高山不辞细壤，故能成其高。"佛教里"心包太虚"、"一念三千"的主张更言简意赅地说明了包容的精义。在这个世间上，花红柳绿，形态互异；鸢飞鱼跃，各显神通，唯有包容，才能赢得有情有义的人生；唯有包容，才能享受有喜有乐的人生；唯有包容，才能拥有圆满自在的人生。

二、从生活的知足到人间的圆满自在

人生最大的毛病便是贪欲不息，得一望十，得十望百，结果上焉者众苦煎迫，身心交瘁；下焉者人格堕落，遗臭万年，真是何苦来哉！《遗教经》云："知足之法，即是富乐安稳之处。"又说："知足之人，虽卧地上，犹为安乐；不知足者，虽处天堂，亦不称意。""不知足者，虽富而贫；知足之人，虽贫而富。"像颜回居陋巷，箪食瓢饮，却不改其乐；颜阖以婉言拒绝齐宣王赐予的高官厚禄，"晚食以当肉，安步以当车，无罪以当贵，清净贞正以自虞。"后人称赞他："归真反璞，终身不辱。"大迦叶尊者冢间修行，树下一宿，佛陀甚至分半座给他以勉其苦行；弘一大师"咸有咸的味道，淡有淡的味道"，古圣先贤因为具有少欲知足的修养，所以能超然物外，悲天悯人，以无为有，法喜无限。因此知足是富贵，知足是拥有，知足是圆满，知足是自在。无，不是没有；无，才能享有无量无边的法界，拥有无数无量的众生；无，才能对五欲不拒不贪，对世间不厌不求。甚至诸佛菩萨为了度脱有情，福利社稷，发出"知足常乐，能忍自安"的至理名言，在任何五浊十恶的环境中，都能安之若素，视为净土。在此希望所有的佛光会员们都能效法前贤，以清贫知足的修为来体验世间的圆满自在；由知足常乐的行证来建设圆满自在的生活。

三、从人我的平等到人间的圆满自在

世间一切本是圆满，本来自在，但因一念无明，颠倒妄想，产生上下、来去、有无、生灭、大小、内外、善恶、智愚等对待的观念，以至于自他之间纷争不断，彼此之间对立加深，群我的冲突频仍，事理的矛盾不已，种族之间仇恨增加，国际之间战乱扩大。近代法国革命提倡自由，美国独立主张民主，凡此无非是为了争取人我的平等，人我的圆满自在；孙中山先生发动革命，推翻满清，所提出的口号，也是希望世界各国以平等之心待我之民族。其实，佛教在二千五百多年前，早已有"情与无情，同圆种智"、"无缘大慈，同体大悲"的主张，凡此不但开启自他平等的滥觞，更是宇宙中最彻底的平等主义，像佛陀组织教团，"江湖溪涧，流入大海，同一咸味，四姓出家，同为释氏"的平等宣言，观世音倒驾慈航，地藏王地狱救苦，常不轻礼敬一切众生，眰子菩萨爱惜山河大地，乃至声闻罗汉遥拜八岁龙女，鸠摩罗什与盘头达多大小乘互相为师，维摩居士酒肆说法，挑水和尚与乞丐为伍等等，都为平等的真义写下最佳的注解。其实贵贱平等就是人格的尊重，自他平等就是你我的融和，希望本会的会友们都能珍惜生命，效法前贤，发四弘誓愿，行慈悲喜舍，过正道生活，给生者安乐，予死者希望，此即所谓的六度万行，了生脱死，苟能有如此平等大愿，人生又何能不圆满自在呢？

四、从处世的般若到人间的圆满自在

常听人慨叹"在这个世间上，做事难，做人更难"。其实这是因为我们没有般若慧心，待人接物不够圆融所致。什么是般若呢？明理随缘是般若，灵巧通达是般若，转识成智是般若，证悟真如是般若。有了般若，我们就能认识到众生本是一体，从而发心立愿，利己利人，达己达人，培养圆满自在的因缘；有了般若，我们就能认清森罗万象皆为空性，从而安住身心，随缘不变，不变随缘，得到圆满自在的妙用；有了般若，我们就能够远离颠倒梦想，舍去妄念分别，从烦恼无明中跳脱出来，走向圆满自在的光明大道；有了般若，我们就能够泯除人我对待，统一差别矛盾，从人我是非中超越出来，开创圆满自在的灿烂人生。所以，般若不必外觅，因为般若就是从我们真如自性中流露出来的智慧方便；般若也不必远求，因为般若就在我们日常生活的行住坐卧当中体证。在《金刚经》开头的经文里，我们可以看到佛陀在语默动静之中，时时刻刻都散发出无限的般若风光，像着衣持钵即手中放般若光，托钵乞食即身上放般若光，洗净双足即脚上放般若光，敷座而坐即通身放般若光，弘法利生即口中放般若光。其他如云门的"胡饼"、赵州的"喫茶"、大珠的"饥来吃饭困来眠"，龙牙的"扫地煎茶及针罢，更无余事可留心"等等无一不是般若放光的妙用。希望大家都能珍惜自己心中无价的宝藏，将般若运用在做人处事上面，让世间的一切都能达到圆满自在的境地。

五、从社会的安定到人间的自在

今天的社会，枪支、毒品、色情、暴力等问题日趋严重，人民生活其中，惶恐不安，无法安居乐业，遑论拥有圆满自在的人生。但看私下抱怨人心不古者有之，走上街头持牌抗议者有之，我觉得这些都不能真正解决问题，因为社会和个人有密不可分的关系。中国成语中所谓"覆巢之下无完卵"、"皮之不存，毛将焉附"、"唇亡齿寒"等等都是用来形容社会安定的重要性，所谓"社稷安危，人人有责"。我们应该人人做警察，伸张公理，提倡正义；人人做义工，守望相助，互相扶持；人人做善人，服务奉献，劝人为善；人人做良民，奉公守法，尽忠职守。唯有社会安定了，大家才能生活得圆满自在。自今年五月起，国际佛光会中华总会在台湾各地推出一连串的"慈悲爱心列车"运动，十月五日的"慈悲爱心人宣誓典礼"，计有八万人与会，各阶层人士、各宗教团体均前来参加，大家一齐高呼："心灵净化、重整道德、找回良知、安定社会！"目前有二千名慈悲爱心人倡导师在街头巷尾宣说慈悲爱心理念，受到各地民众的欢迎，可见慈悲爱心人人需要。希望佛光人都能发心立愿，作安定社会的先锋，为生命留下历史，为大众留下慈悲，为人间创造圆满自在的净土，为人间建设圆满自在的社会。

六、从家庭的和谐到人间的圆满自在

家庭是人生旅途的加油站，是止痛疗伤的避风港，是亲情温暖的安乐窝，也是怡情悦性的休息处。家庭的和谐对于个人身心的成长、社会国家的安定，都有连带的关系。我们看当今的社会有多少儿童因为父母不和，放学之后，宁愿在外游荡，家外找家；有多少成年人也因为家庭不睦，下班之后，宁愿流连街头，吃喝玩乐。这些人在家庭中所受到的挫折、创伤，都将成为社会的问题，国家的包袱。

佛教对家庭的幸福十分重视，佛陀在《善生经》、《玉耶女经》、《大宝积经》、《涅槃经》等经典中，不但教导在家信众如何实践家庭伦理，还说明家庭经济如何运用得当。随着时代的进步，父母子女之间讲究沟通、协调，现代的家庭成员必须要懂得互跳探戈，彼此礼敬让步；要知道交换立场，彼此体贴关怀；要常常赞美鼓励，彼此扶持慰勉；要学习幽默风趣，营造温馨气氛。古德云："和羹之美，在于合异；上下之益，在能相济。"和谐才能互利，和谐才能欢喜，大家若能注重家庭的和谐，并推广运用，则人间何处不圆满？人间何处不自在？

七、从身心的健康到人间的圆满自在

身心健康是群己圆满自在最重要的条件。试想：身体四大不调，则百骸不畅，卧病在床，不但自己无法奉献所长，还需要别人照顾，焉能圆满自在？心中三毒炽盛，则障门大开，起惑造业，不但自己不能安心做事，还需要别人安慰，更有甚者作奸犯科，锒铛入狱，使得亲人蒙羞，社会蒙难，更何来圆满自在之有？佛教讲究内外一如，对于身心健康最为重视，像清淡的素食能培养慈悲的精神、柔和的性情、坚强的耐力、健康的体能，各种斋戒活动能培养规律有序的坐息生活、内观自省的善良美德，其他如食存五观、立如松、行如风、坐如钟、卧如弓等佛门行仪，朝山礼佛、参禅打坐、念佛经行、忏悔发愿、惜福感恩等修持方法，对于涤除尘虑、净化人生都有着莫大的助益。希望凡我佛光会员从身心健康，进一步做到身心放光，时时抱持发心服务、牺牲奉献的精神，参与公益活动，让大众都能广被法喜，圆满自在。

八、从自我的解脱到人间的圆满自在

禅宗四祖道信禅师曾问三祖僧璨禅师："如何解脱自在?"僧璨反问："谁缚汝?"此话可谓道破千古疑团,令人拍案叫绝。的确,普天之下最能系缚我们的,不是他人,而是自己。当我们执著于金钱时,金钱就将我们的心志箝制了;当我们执著于权位时,权位就将我们的胸襟套牢了。自古以来,所谓的"名枷利锁",不知弄得多少人终日营营苟苟,喘不过气来。

握糖不放的拳头无法挣脱瓶口,紧缩不放的脚步无法向前迈进,放得下,才能提得起。我们要解脱自在,不但要学习放下一切,更要具有旷达的胸襟视野,要想得开,想得远,要看得宽,看得大。历来的诸佛菩萨,哪一个不是放下个人的私利,为了一切有情的利益,粉身碎骨在所不惜;古今的英雄豪杰,哪一个不是放弃小我的安逸,为了全民大众的福祉,赴汤蹈火在所不计。他们让众生离苦得乐的同时,自己也获得了自在解脱。英美的民主宪政,将各个联邦结合起来,圆满各方的需要,抛弃己见,共守律法,和平相处,这不也是从自我解脱,进而达到众人圆满自在的佳例吗?

以上谨提出八点意见说明我们如何在人间获得圆满自在的生活。中国长久以来的战乱为多少人带来流离失所、骨肉分散的悲剧,于今,领导者皆能抱持开阔的态度,在国际间穿梭交流，建设大中华民治、民有、民享的社会，让人民圆满自在。凡我佛光会众，亦应全心全力，馨香祝祷：和平统一，国泰民安，实现圆满自在的社会，圆满自在的家庭，圆满自在的心灵！

自 然 与 生 命

所谓自然
就是人心　就是真理　就是佛道
就是众生的真心佛性
就是宇宙的纲常

世间事合乎自然
就有生命　就有成长
就能形成　就有善美

地点：加拿大多伦多佛光山
时间：1998 年 10 月 1 日

各位贵宾、各位会员们:

大家好!今天大家不远千里从世界各地前来加拿大,参加国际佛光会第七届世界会员大会,实在非常难得殊胜。尤其众所周知,加拿大虽得天独厚,资源丰富,但国民仍能具有不滥开采的共识,因此无论是乡村、都市都能保持旖旎的风光、新鲜的空气。此外加国政府在保护生态、社会福利等方面也做得十分成功,凡此均赢得世人的青睐,成为大家向往遨游的国度之一,所以我们今天云集在此,以"自然与生命"为主题召开世界大会,可说是得其所哉。

"自然"是世间的实况,像春夏秋冬四季的运转、众生生老病死的轮回、心念生住异灭的迁流、物质成住坏空的变化,不都很自然吗?世间事合乎自然,就有生命;合乎自然,就有成长;合乎自然,就能形成;合乎自然,就有善美。

当初,佛陀在菩提树下证悟宇宙的真理,即所谓的"缘起性空",实际上,就是宇宙间"自然"的法则。所谓自然,就是人心,就是真理,就是天命,就是宇宙的纲常。翻开中外史籍,历代的帝王,顺乎天命人心者昌,逆于天命人心者亡,他们的兴衰与自然法则关系密切。不但如此,吾人的生活也要合乎自然,才能幸福美满。大家不妨自问:"在金钱的运用上,我能合乎自然,量入为出吗?在感情的交流上,我能合乎自然,平衡来往吗?在语言的沟通上,我能合乎自然,顾念对方的需要吗?在做事的态度上,我能合乎自然,不违事理的原则吗?"此外，现代人对保育生态、自由民主等方面也都提倡自然。例如：虎狼狮豹虽凶猛残暴，但是当它们被放出牢笼，回归大自然时，它们也会向你感谢。民国初年，中国妇女从"缠足"的传统解放为合乎自然的"天足"，直至今日仍受到大众的肯定与欢呼。近代，英国殖民地恢复占领地区的独立、美国林肯解放黑奴，都是在尊重自然的发展。而今古人士，对"仁者乐山，智者乐水"的讴歌，更是崇尚自然的最佳证明。凡此说明了这是一个自然的世界，我们所拥有的是一个自然的人生，大家都拥有一颗自然的良心，我们应该作自然的拥有，发挥自然的美善。

佛教一向追求自然，重视人心、人性。像东方琉璃净土、西方极乐世界里，不但宝网行树、水鸟说法，而且人民思衣得衣，思食得食，主要的目的，不外希望大家都能在自然的生活下安居乐业。国际佛光会倡导人间佛教，顺应缘起真理的发展，也是重视自然的表现。本会以人间佛教为依归，今天特将"自然"标举出来，作为大会主题之一，也是希望大家都能尊重自然，因为唯有顺应自然，我们的心灵才得以解脱，我们的生命才能够自由。

说到"生命"，生命的定义，不在于一息尚存，而应在于是否具有"用"的价值。人存在于世间，固然可以说有生命，山河大地等能够为人所用，对于人间有贡献，也应视为有生命者。例如：一张纸上面画了圣贤的画像，一块石头雕成古德的相貌，让人一见生起仰慕效法之心，这一张纸、这一块石头就有了生命。反观一些人虽坐拥高官厚禄，却为大家所唾弃，或是一些人尽管年寿甚高，但一生无所事事，对社会毫无贡献，虽生犹死，所以往往被人称为"行尸走肉"。

其实，我们所生存的这个自然界里，鸟叫虫鸣、飞瀑流泉、万紫千红、绿叶婆娑，触目所及都是欣欣向荣的景象，哪一处没有活泼的生命呢？所谓"溪声尽是广长舌，山色无非清净身"，如果我们用心领悟，宇宙中的森罗万象，哪一样不是从自己的生命中自然流露出来？可惜世间上有许多人将生命的因缘斩断，强分你我，让生命的和谐产生裂痕，让宇宙大我的生命受到损伤，诚为可悲！

佛陀以法界为心，以心为法界，后人赞美佛陀无限的生命是"正法以为身，净慧以为命"。阿弥陀佛之所以为佛教徒所喜爱称念，乃因其生命超越时空的限制，所谓"无量光"、"无量寿"，一切时间、空间皆无量也。

蜉蝣虽朝生夕死，但不能说它没有再来的时候；人一期生命结束后，也不能说他不会乘愿再来。一粒种籽落在土里，即使千百年后，当因缘际会，仍可以开花结果。现在科技下的产物如试管婴儿、复制羊等等，虽然令人叹为观止，但是以佛教观点来看，他们的基因也都是由业力润生而成，可见科学尽管日新月异，还是无法发明生命，因为生命是因缘和合，自然而有的。

《心经》云："色即是空，空即是色。"我们的生命可以流注于物质世界里，此即所谓"空即是色"；无穷的万物也可以和我们的生命结为一体，此即所谓"色即是空"。所以佛教讲到世界，是无量无边；讲到众生，也是无量无边；讲到生命，不但无量无边，而且是无限永恒。

今日，世界各地的战火不知让多少美丽的家园毁于一旦，人类对于大自然无止尽的掠夺也引起地球反扑，环境污染正吞噬着人们的健康，其他如种族、政党、宗教、地域之间的歧见、冲突与日俱增，国际贩毒组织、恐怖组织、枪支集团、色情集团的泛滥，在在威胁着大家生命财产的安全。所以国际佛光会揭橥"自然与生命"为大会主题，也是想借此唤起人类的觉醒，希望大家能珍惜跃动的生命，与大自然结合为一体，不忧荣辱毁誉，无畏生老病死，携手共建净土，倡导自然的美妙，宣扬宇宙的伟大，歌颂生命体永久的和顺，礼赞生命体永恒的存在。

下列我提出对于"自然与生命"的四点浅见，希望大家不吝指教：

一、自然的定律与生命的尊严

二千六百年前，佛陀在菩提树下证悟了自然的定律，并且名之为"缘起"。"缘起"符合了真理的普遍性、必然性、平等性、永恒性。大自然的一切现象，小至个人的成败得失、气候的寒来暑往，大至国家的盛衰兴亡、世界的成住坏空，莫不是在"缘起"法则下进行。其中，尤以吾人的生命和缘起法则的关系最为密切。因为生命不是凭空而来，而是由自己造作的业力而来；不是由单一原因而来，而是由无明、行、识、名色、六人、触、受、爱、取、有、生、老死等"十二有支"三世因果相续而成。

所谓:"有备无患。"人如果懂得顺应自然,就无所畏惧。例如春夏努力耕种,秋天积谷存粮,自然就不怕严冬来临;白天准备照明设备,自然就不怕黑夜来临。老病并不可惧,可惧的是少壮不努力,等到老病时带着空白的一生随着草木腐朽;死亡也不可悲,可悲的是生前不知奉献社会,等到临死才带着满腔遗憾,迈向不可知的未来。

麦克阿瑟曾说:"老兵不死。"因为他们的精神与国魂永远同在。文天祥也说:"人生自古谁无死,留取丹心照汗青。"因此,人,不一定要飞黄腾达、福寿双全,但要活得有尊严。过去的人讲究生存的尊严,极力争取自由、平等,大力倡导民主、博爱,甚至为此而不惜抛头颅、洒热血;现在的人注重死亡的尊严,希望能够死得安乐、死得自在,乃至为此而走向街头,奔走呼吁。其实,由缘起法则所延伸出来的"业力自由"、"众生平等"、"同体慈悲"、"生死一如"等观念,才能统合生存与死亡,真正将我们生命的尊严发挥到自然的极致。

所以,我们应抛开宿命论的悲情,即使在困顿厄难时,也要勇往直前,创造自己的未来;我们应拔除"拨无因果"的邪思,即使面对遍地荆棘,也要散播欢喜的种子,为宇宙创造继起的生命;我们应丢弃生产工具决定一切的谬论,在互助合作里创造利众的事业;我们应纠正经济挂帅的歪风,在感恩惜福中创造济世的功德。让我们为人间留下道德、为社会留下智慧、为家庭留下慈悲、为自己留下历史，活出自然的定律，也活出生命的尊严来！

二、自然的生命与生命的自然

一切生命和自然息息相关，生命都是自然的一部份，我们均应善加珍惜。可惜长久以来，自以为"万物之灵"的人类往往忘记其他生命的存在，为满足一时的私欲而滥杀无辜。试问：当你为世间的刀兵劫难而悲愤时，是否想过夜半屠门传出来哀号的声音？当你为社会灾祸频传而叹息时，是否听到碗盘中众生怨怒的诉说？

《法句经》云："一切皆惧死，莫不畏杖痛，恕己可为譬，勿杀勿刑杖；能常安群生，不加诸楚毒，现世不逢害，后世常安稳。"《金刚经》也说："所有一切众生之类，我皆令入无余涅槃而灭度之。"积极的戒杀应该是护育化导，让大家都能得度，所以即使是疾言厉色的伤害，我们均应防止不犯；即使是微笑赞美等小小的随喜功德，我们也必须不吝布施。

有些人以为自己有权力来决定自己的生死，但从"缘起"真理来看，吾人的生命是由父精母血所和合产生，是因社会士农工商提供日用而继续存活，所以世间上没有一个实体的"我"。生命既是天地万物自然所共有，所以凡自杀、杀他都是逆天行事，违反自然。

再从广义而言，即使一石一木都是宇宙万有的力量所成，任意伤害，减少寿命，也是杀生的行为。像到处滥伐树木，导致江水泛滥；台湾各种建筑滥垦坡地，造成地层坍塌，都是缘起法则受到破坏导致山川大地受到伤害，予以还击的明证。抚今追昔，睒子菩萨为怕踩痛大地而不敢重步走路，扁担山和尚唯恐伤及草木而拣橡栗为食，他们的慈悲多么可贵！"极乐净土，水鸟说法"的经文；"生公说法，顽石点头"的故事，更说明了佛陀所云"情与无情，同圆种智"的理念，诚乃不虚之言。

生命之所以可敬，是因为生命之间有自然的相通互动，彼此依存；生命之所以宝贵，是因为每一个生命乃累劫以来由于自然的因缘所成。所以我们的生命应该顺其自然，依照自己的根性，随顺因缘，随遇而安，随心自在，将小我融入大化之中，如此必能发挥生命的光与热，体现自然与生命的"物我一如"。

三、自然的和顺与生命的永恒

说到"自然"，自然，则和；如不自然，就会导致纷乱。古德云："违顺相争，是为心病。"贪欲、嗔恚、愚痴、我慢、疑嫉搅动心湖，人就会烦恼愁肠，乃至误入歧途，千古遗恨。生活上的应世接物也是如此，感情若是一厢情愿，不顺自然，就不会天长地久；财富若是巧取豪夺，不顺自然，必有败坏之虞；名声若是哗众取宠，不顺自然，终将遭人唾弃；地位若是坐享其成，不顺自然，便会引起非议。

自然、则顺。过与不及，终将带来弊患。像久卧不起，久立不坐，久劳不息，久静不动等等，都会引起生理上的四大不调，人就开始患病，乃至身根朽败，与世长辞。此外，近几世纪来，人类因生产消费过多的物质，远超过微生物所能还原的程度，而破坏了自然的运作，导致目前生态系统问题重重。凡此都证明了一旦忽视自然法则，就会自食恶果。

因此，自然就像一个"圆"，好因带来善果，坏因遭致恶果，因果相续，无始无终。无量劫以来，生命在自然循环下历经千生万死。死固然是生的开端，生也是死的准备，所以生也未尝生，死也未尝死。如薪尽火传，生命之火不曾停熄；如更衣乔迁，生命的主人仍未尝改变。所以古来的高僧大德大事已明，生死一如。像达摩祖师只履西归，庞蕴居士拄锄立化，飞锡禅师倒立而亡，金山活佛淋浴往生……他们顺应自然，来去自在，随缘应化的丰姿多么的洒脱豁达！

生，是因缘生；死，是因缘灭。从圣义谛来看，无生也无死。因此禅门高僧不求了生脱死，只求明心见性。一旦开悟，泯除对待，刹那即永恒，烦恼即菩提。像沩山禅师立愿来生作一条老牯牛，赵州禅师发心舍报后到地狱去度众，他们不为自己求安乐，但愿众生得离苦，生死苦海在他们的眼中，有如片云点太虚，微不足道。

《易经》谓："天行健，君子以自强不息。"自然之道在永恒精进，在自利利他，所以，我们应效法天地日月滋养万物的美德，以同体的慈悲作应世的资粮，为苦难的众生作庇护的房舍；我们应学习古圣先贤的"马拉松"赛跑精神，以无限的生命作奋勇的前进，为热恼的浊世作清凉的甘露，让生命在自然的法则下绵延永续，和顺永恒。

四、自然的生活与生命的佛道

"自然"，若以一字解释，就是"道"；"生命"，若以一字解释，就是"力"。如何是"道"？大珠慧海说："饥来吃饭，困来眠。"药山惟俨说："云在青天水在瓶。"……可见"道"与自然同在，"道"就是自然的生活。也因为如此，连大圣佛陀都责备应笑而不笑、应喜而不喜、应慈而不慈、闻恶而不改、闻善而不乐的人为"五种非人"，因为他们的行为不合乎自然。如何是"力"？信、进、念、定、慧是"力"，慈、悲、喜、舍是"力"，把慈悲给人、把欢喜给人、把光明给人，能让灯灯相照，生生不息，就是"力"。所以，自然的"道"与生命的"力"若能结合在一起，就是宇宙间的浩然正气，就是宇宙间的真如法界。

所以，我们想要过如实的生活，就必须顺应自然法则：夫妻之间应互敬互谅，邻里亲友应和睦相处，工作同事应互相提携，开创事业应将市场调查、资金筹措、人力资源、经营计划等安排妥当，为政治国应了解民意、重用忠良、察纳雅言、勤行善法。尤其身为佛教徒，更应以身作则，培福结缘，修定增慧，负起化导众生的责任。日用中能如是与

"道"相符，与"力"结合，那是自然的生活与生命的佛道，则庶几无过矣！

自古以来，佛教的祖师大德在生活里悟道者不知凡几，洞山良价在瞥见河里自己的倒影时开悟、香严智闲在锄地耕种时开悟、梦窗国师在靠墙就寝时开悟、虚云和尚在捧杯喝茶时开悟……他们在悟道之后，山仍是山，水仍是水，只是山河大地与我一体，任我取用。所谓"青青翠竹无非般若，郁郁黄花皆是妙谛"。道，就是自家风光，不假外求。外在的大千世界、三世众生，其实就是内心的大千世界、三世众生。因此，自然也好，生命也好，其实就是真理，就是佛道，就是众生本自具有的真心佛性，就是宇宙的全体。

目前，国际佛光会已走入第八个年头，虽然在亘古的时空里，我们犹如一株小树，但由于本会历年来所提倡的"欢喜与融和"、"同体与共生"、"尊重与包容"、"平等与和平"、"圆满与自在"等理念，都与自然的真理法则契合，所以能历经风雨而屹立不摇。尔后，我们要继续绍承诸佛如来之遗绪，遵循历代祖师大德之教诲，无怨无悔地向前迈进，为万世开启太平的道路。希望今天我们每一小步的努力，都能在浩瀚的宇宙中发挥正知正觉的力量；希望未来我们每一次的成长，都能为无限的生命留下善美深远的影响。

最后，祝福大家法喜充满，慧命长存。

公 是 公 非

它是一切对错善恶的法则与智慧

它是维系社会秩序的公义纪律

更是修养个人品德的圭臬指南

它不以自我为中心

而以公理正义为依归

以众生的幸福安乐为诉求

追求公是公非　要有大智慧　大勇气

对公理正义要负有道德的责任

要讲究公平　正直　无私　无我

地点：中国台湾佛光山

时间：2000 年 5 月 16 日

副总会长、各位理事、各位贵宾、各位协会会长、各位与会的佛光人代表等，大家吉祥如意！

佛教自东汉明帝永平年间传来中国，今年届逢二千年，又适值政府首次明定佛诞节为法定纪念日，在这个佛教徒同感殊荣的历史时刻里，今天能有来自世界五大洲的佛教菁英共聚在佛光山参加第八次的国际佛光会世界会员代表大会，诚乃"千载一时、一时千载"之盛举，希望本届的大会能为佛教再创一个发展的新契机。

已是新的世纪开始，毋庸置疑的，将是一个科技更发达、经济更繁荣的新世纪。然而，科技文明虽然丰富了物质生活，却也改变了人类的价值取向，现代人的是非观念混淆，造成整个世界的脱序乱象。因此，本次大会特以"公是公非"为主题，希望借此呼吁举世人类能共同再造一个公理正义的人间社会，希望人人都有"公是公非"的道德勇气，人人都能树立"公是公非"的社会形象。

所谓"公是公非"，也就是"大是大非"。西谚有云："吾爱吾师，吾尤爱真理。"真理就是"公是公非"；佛说："依法不依人"，依法就是"公是公非"。

"公是公非"是评论世间一切好坏、对错、正谬、善恶的法则与智慧；有智慧才有"公是公非"。"公是公非"是台面上的，不是私下的；是天下人的，不是个人的；是普遍法界的，不是片面的；是万众平等的，不是差别的；是凡事必然的，不是变异的；是亘古永恒的，不是一时的，因为"公是公非"就是般若真理，有般若真理才能证悟解脱。当初佛陀舍弃王位出家，正是感于生命的苦空无常、四姓阶级的不平等，以及众生的颠倒妄想，因此毅然割爱辞亲，出家修道；佛陀的证悟真理，就是"公是公非"般若智慧的显现。"公是公非"不是以自我为中心，而是以公理正义为依归；"公是公非"不是以一家一国为对象，而是以全法界众生的幸福安乐为诉求。所以，佛陀成道时即向普世宣告："众生皆有佛性，人人皆得成佛。"而这种"生佛一如"、"众生平等"的真理，便是"公是公非"的极致发挥。

佛陀所证悟的真理——"缘起性空"，所谓"诸法因缘生，诸法因缘灭"，是在说明宇宙世间一切都是依因缘法则而运行，人有生老病死的因缘，世界有成住坏空的法则。因缘聚则生，因缘散则灭，生生灭灭，让自然界有花开花谢、宇宙间有生住异灭、人世里有贫富贵贱等"无常"变化，这不是神明创造，也不是威权左右，这就是"公是公非"。

佛教的"因果业报"讲"种如是因，得如是果"，这就是非常公道的"公是公非"；无论达官贵人或贩夫走卒，无一不是在"善有善报，恶有恶报"的因果定律下循环。"王子犯法，与庶民同罪"，如果真能做到，这就是"公是公非"。

古代的帝王贵族，总想把荣华富贵延续到来世，因此陪葬大量的金银财宝，但是这并不合乎"因果业报"；所谓"万般带不去，唯有业随身"，这才是"公是公非"。

"公是公非"是维系社会秩序的公义纪律，也是修养个人品德的圭臬指南。一个人的身语言行、举心动念，不要以为他人不知，所谓"天知、地知、你知、我知"，冥冥之中必然有"公是公非"的准则。

世间上有的人以利害为重，有的人以是非为重；以利害为重的人不讲究是非，以是非为重的人不计较利害。古来多少圣贤为了发扬"公是公非"的精神，他们轻利害，甚至捐弃生命也在所不惜。宋朝理学家张载的"为天地立心，为生民立命，为往圣继绝学，为万世开太平"，此种"公是公非"的精神，即仁人君子所谓的生命中之生命也。庄子在《天道》中说，"是非已明，而赏罚次之"，又谓"天地与我并生，万物与我为一"；意大利天文学家伽利略，为了坚持自己在天文及力学上所获致的实验结果，拼死不向神权低头。这都是具有"公是公非"的大智、大勇的表现。

在一个讲究伦理道德的社会里，群众都十分重视"有是有非、大是大非、真是真非、公是公非"的道理；反观今日社会，是非观念普遍淡泊，可以说在我们周遭的人，大都是"少是少非、无是无非、不是不非、混淆是非"。因为当今人类不肯服膺是非公理，"成者为王，败者为寇"，造成强权代替"公是公非"、金钱左右"公是公非"，投机的投机，取巧的取巧；是非不彰，真理不明，怎有"天道良心"呢？

自由民主是现代人类引为最好的政治目标，但是用我的自由妨碍你的自由，用我的主张强要你奉行，而又美其名之曰"自由民主"；正如大鱼吃小鱼、猫跟老鼠讲民主、民众和独裁者讲民权，会有"公是公非"吗？现在的社会动辄主张公投，公投很民主，也符合"公是公非"的精神，但是参与公投的人都懂得"公是公非"吗？甚至决策者对整个事件都有"公是公非"的观念吗？五十一票对四十九票的民主，就是"公是公非"吗？如果本身公私不分、是非不明，一旦认知有了问题，就没有"公是公非"。故知"公是公非"要有大智慧、大勇气，对公理正义要负有道德的责任，要讲究公平、讲究正直、讲究无私、讲究无我，若能如此，才是所谓"全民的希望"，能够达到全民的要求，那才是有"公是公非"的自由民主。

"众缘所成"、"同体共生"，甚至"公有共管"、"集体创作"都是"公是公非"的原则，如古代的佛教十方丛林"传位传贤"、唐尧虞舜的"禅让天下"，甚至孙中山先生的"天下为公"，这都是"公是公非"。

在佛教史上，不少祖师大德对于毫无师承关系的学僧，只要能堪受大任，莫不欣然传法授位，例如弘忍传位于六祖惠能，獦獠也能得法作祖，此皆"公是公非"的行为。遗憾的是后世弟子对"公是公非"的认知不够，例如有的人"依人不依法"，有的人"依神不依佛"，有的人"依师不依理"，有的人"依假不依真"，致使不能体会祖师的心意，所以禅门才因而日渐式微。

《金刚经》讲的"布施无相"、"度众无我"、"修行无住"、"证悟无得"，这就是"公是公非"。"无我相、无人相、无众生相、无寿者相"而一切无所不相，如"无我相"的人，必不自私执著；"无人相"的人，必能平等尊重；"无众生相"

的人，必不外相分别；"无寿者相"的人，则不会一成不变。泯灭四相，必有"公是公非"，凡事必能依法依理。所谓只问是非善恶，不计毁誉得失；"宁教老僧堕地狱，不拿佛法当人情"，都是发扬"公是公非"的真理大义。

所谓"公是公非"，要经得起时间的考验，要经得起良知的认同，更要经得起历史的评鉴。曹操当初挟天子以令诸侯，有人尊他为乱世英雄，有人讥他为窃世奸贼；武则天的评价，有人肯定她的天才治绩，有人唾弃她的荒淫乱政。他们的功过，即使历史也难以给予"公是公非"的评价。"周公辅佐成王日，王莽礼贤下士时；假使当时身先死，不知如何定忠奸？"此即所谓"公是公非"不易为人了解之处，若无大智大慧，何能有"公是公非"的认知？

世间上，有的人因缘际会，却无实才；有的人怀才不遇，怨叹时运不济。其实，论三世的因果，此中必有"公是公非"。南非总统曼德拉，在被囚禁二十七年之后能坐上总统宝座；中华民国的孙中山，历经十次的革命终能缔造民国，此乃必有"公是公非"的关键存在。即如今日工商企业界投资经营，赚取合理的利润，本来无可厚非，但不可将社会的发展归功于自己的贡献，须知世间上凡一切成就，必有相关的因缘助成，所谓高楼大厦，需要多少的一砖一瓦，所谓开花结果，需要多少的地水火风，对于许多默默助成的因缘，我们若能懂得感恩报答，这才能还给世间一个"公是公非"的公道。

现代举世提倡环保，重视生态保育，然而以少数的该存，多数的该死，此种不合公平的观念，也有待重新研讨。"公是公非"要放诸四海而皆准；"公是公非"是法界众生赖以生存的规则。现在一般民间把"公是公非"寄望于包青天，然而我们身边的包青天在哪里呢？"因缘果报"就是"公是公非"；"善恶业感"就是"公是公非"；"事理圆融"就是"公是公非"；"最后判决"就是"公是公非"。因此，希望今后凡我佛光人，都能以"公是公非"为立身处事的准则，人人都有"公是公非"的睿智，大家一起发愿，共同来创造一个公平正直、法界圆融的祥和社会。

最后祈求佛光加被，祝福大家吉祥如意，大会圆满成功！

人 间 与 生 活

佛陀出生成道在人间

人间佛教就是佛陀的本怀

佛法在哪里　就在当下

当下在哪里　就在生活里

我们要用佛法来指导生活

更要在生活中落实佛法

地点：南非约堡杉腾饭店会议中心

时间：2001 年 4 月 19 日

副总会长、各位理事、各位贵宾、各位协会会长、各位与会的佛光人代表等，大家吉祥如意！

国际佛光会自创会以来，每年都会固定在世界各地召开一次理事会议，今年是由南非约堡协会承办；因为这样的因缘，所以今天大家不远千里从世界各地齐聚到南非来，首先仅代表约堡协会欢迎大家。

南非是非洲五十三个国家之一，位于非洲的最南端。提起非洲，他不但是世界最古老的陆地，也是人类的发源地，但是长期以来由于受到种族纷争、政治不安、环境脏乱、社会落后、气候炎热、人民知识水平低落等因素影响，因此非洲一向有"黑暗大陆"之称。尤其自从三十年前第一宗艾滋病例在非洲发生，目前全世界有三千六百万艾滋病患，其中二千五百万人在南非。

由于艾滋病肆虐已严重威胁到人类未来的生存，因此有人预言：人类从非洲起源，也可能从非洲毁灭！面对这样一个令全世界人类同感忧心的问题，诚如一九九九年在南非召开的全球艾滋病会议中，与会专家针对"如何防治艾滋病"的议题进行讨论后，大家一致表示：唯有宗教能解救人类此一浩劫，尤其佛教的戒律，更是根绝艾滋病的不二法门。

这项结论说明佛法是今日人类的一道光明，尤其越是黑暗的地方，越需要佛光的照耀。为此，佛光山于一九九二年到南非创建非洲第一间寺院，继而在一九九四年由我亲自到南华寺为五名黑人青年主持剃度典礼，正式诞生了第一批的非洲出家人，从此也让南非有了佛法的流布。多年来佛光山南华寺及南非佛光协会在南非及史瓦济兰、坦尚尼亚等国家所从事的文教弘化与慈善救济工作，也都深受南非政府的重视。今天国际佛光会理事会议能够在南非召开，并有来自世界五大洲三十六个国家、五十八个地区的代表及观察员七百多人与会，自是意义非凡。在这个属于佛光人最重要的年度会议中，我仅提出四点意见，期勉佛光会员今后共同努力致之！

一、佛法人间化

"人间佛教"是当代最为脍炙人口，也是大家讨论最多的议题，佛光山自一九六七年创建以来，就一直以弘扬人间佛教为目标，所以我曾经说过，当初我创立佛光山，不单只有硬体而已，软体就是人间佛教，人间佛教不但早就在我的心里、在我的行为里，也时时在我的思想里。只是在我最初提出"弘扬人间佛教"的理念时，却一再遭到教界人士的质疑、反弹，认为"人间佛教"是我个人所自创。其实，佛陀出生在人间、成道在人间、弘化在人间；佛陀说法主要以人为对象，佛教是人本的宗教，佛陀是人间的佛陀，佛教本来就具足人间性，所以人间佛教不是哪个人所发明的，人间佛教既不是六祖惠能大师，也不是太虚大师，当然更不是我个人的创见，人间佛教是佛陀的本怀，佛教本来就是人间佛教！

既然佛教是人间的，为什么现在还要强调"佛法人间化"呢？原因是多年来我在佛教界，看到一些很有学问的人虽然进入佛门几十年，却不能与佛法相应。譬如佛教讲慈悲，但他不慈悲；佛教讲忍耐，而他不忍耐。甚至有的人重视佛学玄谈，不重视实际修证；有的人重视吃素拜拜，不重视人格道德的增进及日常生活的问题，缺少对人世的责任感；有的人着重自修，不问世事，失去对社会大众的关怀。

其实，"佛教"与我们的日常生活有着密不可分的关系，我们不可以把佛法全然当成学问来研究，佛教是一种宗教，应该把它融会在我们的日常生活里。因为人不能没有生活，而生活需要用佛法来指导，所以我觉得在信仰的历程上，应该把所信仰的佛法和生活打成一片，也就是用佛法来指导生活，达到"佛法生活化，生活佛法化"，能够在生活中修行、落实佛法，这才是人间的佛教。

至于人间佛教如何修行？简单地说，你吃饭，青菜萝卜、粗茶淡饭，你能感到很感恩、很满足，这就是人间佛教的修行；你穿衣，很朴素、很淡雅，只要干净、整齐、庄严就好，这就是人间佛教的修行。

人间佛教的修行就是生活的修行，举例说，你发心，你有慈悲，就是修行；你懂得惭愧、忏悔，就是修行。你慈悲心生起了，你惭愧心修好了，你菩提心萌芽了，这就是修行！所以，人间佛教的修行就是对人要慈悲，对人要尊重，对人要包容；学佛修行不是喊口号，如果不在言行、生活里落实佛法，哪里有菩提可证？

所以，在人间佛教里，广结善缘是修行，与人为善是修行，五戒十善是修行，四摄六度是修行。你举心动念有道德、有慈悲，就是修行；你的身口意行为里，身不行好事，口不说好话，心不存好念，没有三好运动，就是没有修行！因此，"勤修戒定慧，息灭贪嗔痴"，身口意的净化就是人间佛教的修行。

其实，在我们的生活里无一不需要人间佛教，你吃饭、睡觉、走路，乃至交朋友，与人共事，哪一样不需要佛教？佛教不是只在经书里，佛教也不是只在禅堂里，佛教更不是只在念佛声中；佛法是遍于我们的生活，佛法要在行住坐卧之间落实。

再进一步具体来说，佛法在哪里？就在当下！当下是什么？就是在生活里。过去有一些人只讲究自我的修行、自我了生脱死，因此让佛教被人诟病为遁世的宗教。现在国际佛光会已经让佛教从山林走向国际、走上社会、走入家庭，实现了当初我创立国际佛光会的目标"从传统到现代、从山林到社会、从遁世到救世、从独居到大众、从唯僧到和信、从弟子到讲师、从经忏到事业、从行善到传教、从散漫到制度"，也让社会大众认识佛教其实是幸福、安乐、真诚、善美的宗教，这也是人间佛教的真义。

今后举凡慈悲惜缘、智慧开扩、禅净戒忍、感恩发愿等，都是人间佛教所应推动的佛法，希望我们全体佛光人对于人间佛教还要多花一点功夫去认识，因为人间佛教广博深远，平时大家会讲《楞严经》、《华严经》、《法华经》……但是并不一定会讲人间佛教。人间佛教也不一定要靠演说，人间佛教是讲究实用，不重清谈，所以"佛法人间化"就是凡是人间大众所喜欢的慈悲、欢喜、金钱、财富，甚至尊重包容、和谐共生等佛光会多年来所推动的人间佛教精神，不但佛光会员能受用，全世界的大众也都能以"佛法人间化"的理念，促进世界的和平。

甚至，我们不只是要推动佛法走向世界、走向社会、走向家庭，更要走向人心。人心爱之，佛法与之；人心恶之，佛法去之。真善净美，人之所爱；真善净美，皆人间佛法也！邪恶骄慢，人之所恶；邪恶骄慢，佛法应予去之！

总之，在我们的生活中，不管举心动念皆可修行，我们应本着"自他两利"的精神，将"佛法生活化、生活佛法化"。希望未来大家都能一起来建设生活乐趣的人间佛教、建设财富丰足的人间佛教、建设慈悲道德的人间佛教、建设眷属和敬的人间佛教。

二、生活书香化

人在世间生活，要懂得营造生活的乐趣，要重视生活的品质，要让生活过得有意义、有价值。所以生活不能只是为了三餐温饱，不能只有吃饭、穿衣，不能只是追求物质、金钱、爱情等五欲尘劳，生活里应该要有般若、知识，要充实自己的气质、内涵，要找出自己的真心、佛性，要让自己的生活过得多彩多姿。

如何才能让生命活得丰富多彩？首先必须要多读书，要让"生活书香化"。读书不但能增加我们的知识、智慧，改变我们的气质、品德；读书更能开扩我们的思想、见闻，让我们真正认识宇宙人生。一个不学无术的人，跟一个读书人在一起，同样有父母，同样吃饭生活，可是他们的品德、气质就是不一样，所以自古圣贤都会鼓励青年子弟要多读书，唯有多读书，才能博学多闻，才能提升心性、品质、人格，不读书的人，肤浅无知，全身充满俗气，所以我们要建立书香的世界、书香的家庭，要过书香的人生。当然，这一切要从每一个人都能过着书香的生活开始，因此国际佛光会与佛光山合作，成立"人间佛教读书会"，积极推动全民读书的风气。

近年来台湾的文建会和教育部也在积极倡导读书会，国际佛光会提出的"生活书香化"，一方面是为了响应政府的政策，同时希望透过读书会，提倡书香人间，推动全民阅读，希望人人本着"学海无涯"、"学无止境"的认知，养成"活到老，学不了"的精神和习惯，人人多读书，从个人精神生活的充实，进而提升社会的和谐，促进人间的和平与美满。

谈到"读书会"，既是"读书"而不是"看书"，当然就应该讲究"读"的方法，例如可以全读、段读，或是对读、随读、齐读。读书不是"默读"，而是要朗朗上口的读，甚至要像唱歌一样地读。

读书要"读活书、活读书"，不要刻板地死读书，同时要勤于做笔记。平时我们读完一本书，常常很快就忘记书的内容，但是当你把重点记下来，偶尔翻阅一下自己的笔记，所有往事就会再度呈现在你眼前，如此不断地温故知新，不断地用心深思，日久书本上的知识就会融入到自己的身心血液里，成为自己的养份。

　　读书还要慎选有益的书来读，在我自己这一生中虽然没有受过完整的正规教育，所幸中日抗战期间，在栖霞山有一座小小的图书馆，我利用管理图书的机会，拼命的读书、写笔记，如此日复一日，一年一年过去，我觉得自己深深受用。记得当时由于佛教的书我读不懂，因此就读中国的历史小说，如《岳传》、《荆轲传》、《三国演义》、《七侠五义》等，我觉得阅读历史小说对我的人生助益很大。例如，看过历代多少英雄好汉，历经多少艰难困苦，最后终于有所成就，无形中都在激励自己要立志，要奋发；乃至历史上多少正人君子、侠义之士的行仪，也启发我懂得做人要有情有义，要有正义感，要能正派做人。

　　甚至后来因为小说读多了，认的字也多了，我便开始把自己所学的知识讲给别人听。回想我这一生之所以能教书，是因为我一直很乐于把自己看到、听到的故事复述给别人听，另一方面也是由过去不会教书的老师教我的，因为有些老师一到讲台就只写黑板，直到打下课钟，他就带着书本离开，没有讲一句话。我认字，也是随着不识字的母亲学习的，因为我从小常常念书给母亲听，但因为自己识字不多，凡是不会念的字，就取半边来念。例如"纽约"、"洛阳"等地名我把它念成"丑"约、"各"阳，这时母亲就会指正我、教导我。

当时虽然外在的条件欠缺不足，但是我相信只要有心读书，情况就会改观。我从历史小说，后来进而读佛教的《高僧传》，因为经论读不懂，但《高僧传》有故事、有事迹，所以各种版本的《高僧传》我都读过，而且不止读一遍。从阅读"高僧传"让我懂得效法高僧的行仪，懂得见贤思齐，我觉得现代的年轻人心中应该树立起偶像的观念，要让心中有好多的偶像，如一般的老子、庄子、孔子，都是我们的偶像。乃至《古文观止》里，文学八大家的文章写得那么好，固然是我们学习的对象；佛教里翻译经典的唐玄奘、鸠摩罗什，他们艰难困苦的奋斗精神，也都是我们的模范。

读书要靠日积月累，要持之有恒，而且不能把读书当儿戏，不能轻描淡写、不能轻忽为之；读书是很认真的事业，读书是每日必做的功课，所谓"三天不读书，言语乏味"，其实我自己从小就养成读书的习惯，如果三天不读书，会觉得连吃饭都没有滋味。在我的生活里，平时除了做事、讲话以外，所有时间都是用来读书，如果出门在外，身边没有一本书，日子真不晓得怎么过。所以我在世界各地云游弘化，承蒙侍者总是帮我在箱子里装了一堆书，好让我在飞机上看，使长途的旅行得以解除寂寞。

读书也应该有所规划，在青年阶段可以多读文学的书，包括中国文学、外国文学及传记文学。像台湾出版的《传记文学》、《中外杂志》杂志，我每期都会用心细读。有一次，有位八十多岁的老记者与我谈话，谈到民国初年的人物，乃至抗战时期有什么人、清朝有什么人、明朝末年有什么人，我都能应答如流，令他大为吃惊，这是因为我看过他们的事迹。我觉得名人传记是文学，也是传记，它有史迹可考，也有好人好事的内容，值得我们回味、观摩。

另外，中国的《西游记》、《西厢记》、《水浒传》，我几乎无所不读。不过学生时代光看文学的书是不够的，文学之于人生只是增加文字的美感、意境。从二十岁到三十岁，在文学以外还要学习历史，如《二十四史》等史书，我也几乎全都翻阅过，因此对于历代发生的史实，过去虽然也是一知半解，但现在再把读过的史书细细回味，对于历史人物错综复杂的关系就会慢慢清晰，而且再经自己整理一番，感觉真是美好。

从四十到五十岁，要从阅读历史进而研读哲学。基本上，文学就像美丽的外衣，历史只是知识，哲学则是内容涵义。文学的外衣要有历史、哲学的内涵来充实，甚至这还不够，到五六十岁更要看宗教的书。年轻时我看佛书常是怎么看都看不懂，老师上课时我也听不懂；不过现在我不用看、不用听，不管什么书，只要信手一翻，一切自然了然于心，书中的义理自然清楚浮现脑海。

所谓"读书如同金字塔，要能广大要能高"，读书比吃饭要紧，每日三餐的饮食能增加身体的营养；不时的读书则能增长我们的智慧。读书就像商店要经常进货，否则如何出货？读书也有精读、略读之分，有的书必须用心细读，有的书只要大略看过即可，但最重要的是要能广读。记得四十几年前，我曾问过一位法师："怎样看大藏经？"他回答："我乱看。"这个道理当时不容易了解，后来终于慢慢体会到，所谓"乱看"，就是找自己懂得的书看，书看多了自然能融会贯通，自然会豁然有悟。所以关于读书，希望佛光会员要广读，要多读文学、历史、哲学，乃至宗教的书籍，甚至科技知识等，都应该广泛的涉猎。

今日要想提升人类的生活品质，必须鼓励人人多读书，人人读好书、读善书、读佛书；唯有读书，才能变化气质，才能升华人格。因此，希望佛光会的会员大众，不但人人拥有收藏书、床头书、桌上书，更能人手一书，每一个佛光会员都是读书人，都能在行住坐卧之间实践书香生活，建立书香人生，透过读书来提高我们的素质，升华我们的人格。因此，所谓"生活书香化"，就是要我们大家今后都能努力读书，希望我们都能建设"书香人生"，甚至全世界都能成为"书香的社会"。

三、僧信平等化

国际佛光会在成立之初，我曾为佛光会员写了一首四句偈："慈悲喜舍遍法界，惜福结缘利人天，禅净戒行平等忍，惭愧感恩大愿心。"此中"平等"就是一切佛法，佛教主张

"生佛平等、事理平等、自他平等、空有平等"，佛法就是一个平等法，没有平等，就没有佛法，所以不能尊重平等的，都是外道。

在佛教的僧团里，男众、女众要平等，出家众、在家众要平等；唯有平等，互相尊重，互相包容，这才是佛法。当初佛陀提倡一切众生平等，现在我们倡导"四众平等"、"僧信平等"、"男女平等"，凡是有人提倡女性至尊至上，或是心存男性优越感、大男人主义者，都是有违佛法。

"众生平等"这是佛法的真谛，不由得我们违背佛法，各自另弹别调。但是多年来令人慨叹的是，佛教界有一些人在掌握教权以后，始终不肯交棒，甚至理事长只能由比丘担任，比丘尼、在家居士永远没有机会。这是因为中国佛教会比丘占比较多数，他们订下来的条文经过众议决定，就成为规矩。这种落伍、自私、不公平、不平等的制度，在今后的时代必定不能存在。佛法要现代化，必须从我们自己的思想现代化，从我们的制度现代化。其实，佛教里不管哪一本经、哪一部论，都是主张众生平等，人人都能成佛，为什么我们要曲解佛法呢？

在佛教界，一般在家信徒纵使学佛几十年，尽管他的学问、道德、佛法足以为人师表，但他永远都是三宝"弟子"，从来不敢以"老师"自居。为了提倡"僧信平等"，国际佛光会的章程里就规定，在家信徒可以做檀讲师、檀教师，唯有让在家众参与传教的行列，授给他们传教的权利，佛法才能普遍弘传。试想，全台湾总共只不过才有几千个出家众，如果每一个乡镇由一人主持，也不够分配；假如能把全台湾的信徒，乃至全世界几亿的信徒，都能提升做老师，都能到全世界弘法，"佛化全球"必然有望，必然有成功的一日。

多年前我曾经写了一首"佛教青年的歌声"：

> 听啊！真理在呼唤，光明在照耀，
> 这是佛教青年的兴教歌声，响彻云霄，
> 青年为教的热诚，掀起了复兴佛教的巨浪狂潮，
> 成功的一日，就要来到。

现在听来还是感动不已。我相信只要我们立志努力，放大眼光，有远见、有包容，对一切众生尊重、平等，诚如我在第三期的《普门学报》发表的《论佛教民主自由平等的真义》一文中说："佛教的皈依三宝，就是皈依人人和佛陀共有的佛性，这就是民主的精神；受持五戒，就是对人尊重，不任意侵犯，这就是自由的意义；众生生权的提倡，是因为诸佛与众生一如，一切众生都能成佛，这就是平等的主张。"

所以，我们能尊重一切众生都有生命的自主权，都有生存的权利，这就是佛教的主旨所在；我们不能再有"在家众这个不能，那个不可以；比丘尼这个不行，那个不容许"的论调了，因为不仅佛教的教义不允许，今日时代的潮流已经走上自由民主，也容不得我们再走回头路。所谓"四姓出家，同一释氏；百川入海，同一咸味"。江河溪湖，流入到海洋里，都是一样的味道，所以我们看未来的社会，"平等"的世界就要来到，这是必然的。

甚至现在社会各界都在提倡"生命教育"，所谓"生命"，举凡一花一草、一沙一石，乃至一件衣服、一张桌椅，都有生命。一件衣服本来可以穿上三五年，你不爱惜它、糟蹋它，二三个月就坏了，它的生命就结束了。所以不光是人有生命，动物、树木花草等植物也有生命，乃至山河大地都有生命，甚至时间就是生命，因为生命是时间的累积，所以浪费时间如同杀生。相同的，随便浪费物品也是广义的杀生，尤其现在提倡环保，重视生态，唯有尊重生命，平等对待一切生命，才有资格活在现代，如果不重视生命的尊严，就没有资格称为现代人。

　　"平等"与"和平"是一体两面的真理，今日世界所以不能和平，就是因为不平等，举凡政治上的以强欺弱，经济上的贫富不均，宗教、种族的排挤，男女、地域的分歧，这些不能和平解决的问题，莫不是因为彼此不能平等共存所引起。再如现在海峡两岸，因为不平等，所以不容易统一。我们希望未来的世界都能从平等、和谐上发展，今后世界上的国家与国家平等、民族与民族平等、宗教和宗教之间都应该像兄弟姐妹一样，尤其国际佛光会是由四众弟子所组成，凡是参与佛光会者，正如江、河、溪、湖，一旦流入海洋，均为一味，没有谁高谁低、谁大谁小。为了实践佛陀"众生平等"的理念，在佛光山的僧团与佛光会的教团里，出家众可以弘扬佛法，在家众也能主持寺院行政。佛光山和佛光会如同人之双臂、鸟之双翼，都是同等的重要，凡是佛光人都应该明白"同体共生"的意义，都应该与人间和平相处，共同实践真正的平等，共同创造平等的世界。

因此，国际佛光会的会员大众，大家不可以有差别的观念，凡是佛光山派下的寺院，都是僧信所共有，由出家众管理法务，在家众可以协助寺院行政，甚至出家众以弘法为家务，佛光会檀讲师亦可登台说法。我们希望所有佛光会员不管出家、在家，都能做到"僧信平等化"，达成理事平等、空有平等的真理，让佛法普遍，光明普照。

四、寺院本土化

过去华人走到世界任何地方，不管做事或传教，都要强调"发扬中华文化"，这种言行思想有待修正。因为世界上亚洲有亚洲的文化、欧洲有欧洲的文化，美洲有美洲的文化，澳洲有澳洲的文化，非洲有非洲的文化，我们应该尊重各地的文化，要用中华文化与当地的文化融和交流，而不是用自己的文化去侵略别人的文化。就如有一次我到美国康奈尔大学讲演，该校一位约翰麦克雷教授在跟我谈话时说道："你来美国弘法可以，但是不能开口闭口都是中华文化，好像是故意为征服美国文化而来的。"当时我听了心中就有一个觉悟：我应该要尊重别人的文化，我们来到这里只是为了奉献、供养，如同佛教徒以香花供养诸佛菩萨一样。

由这件事例可以看出，美国乃至世界各国，他们虽然吸收他国文化，但其实他们也害怕被人征服，所以不管佛光会乃至今后的佛教，一定要发扬"本土化"。因为佛教不是用来做为一个国家侵略他国文化的工具，而是要同体共生，共同发展，共存共荣，所以佛光会奉行人间佛教，只要在人间，都要发展具有当地特色的本土化佛教。

所以，所谓"本土化"就是要让佛教依各地的文化思想、地理环境、风俗民情之不同，发展出各自的特色。就如当初佛教从印度传到东土，印度比丘到中国都只是从事经典翻译，建寺的责任则让给中国比丘负责，因此才有现在的中国佛教；如果当时印度的迦叶摩腾、竺法兰等人都不回印度，而移民到中国建寺弘法，何来现在中国佛教的特色？甚至当初达摩祖师东来，将大法传给慧可，也只是为了落实"本土化"。所以佛光山在多年前，我把住持之位传给心平和尚继承；心平和尚是台湾人，这也是在落实本土化。

"本土化"必然是未来佛教发展的方向，"本土化"只会增加力量，唯有"本土化"才能更深耕，才能更扩大，才能更发展。因此，提出"寺院本土化"，主要就是为了帮助佛教的发展，假如现在佛光山海外的分别院，西来寺是由美籍的出家人当住持，南天寺、中天寺由澳洲籍的出家人当住持，南华寺由非洲籍的出家人当住持，其他的各个地方也都是由当地的人士住持；如果佛光山现在把佛教发展到这个程度，那将是一个怎么样的盛况呢？所以我希望从现在起，二十年到三十年之间，我们要辅导当地本土的出家人来负责本土的道场，如此佛法必定能更加快速的发展。

现在佛光山分布在南非、澳洲、印度、马来西亚、中国香港地区、巴西等地的十六所佛教学院，也都在负起接引当地青年学佛的责任，以为未来落实"本土化"储备人才。甚至目前在佛光山佛学院受教育的学生，各国弟子都有，未来希望更扩大种族的吸收，使他们都能成为佛光人，将来组织寺院，发展佛光普照，使佛法真正流传于三千世界。

以下四点：

一、佛法人间化；

二、生活书香化；

三、僧信平等化；

四、寺院本土化。

希望未来全体佛光人都能建立共识，不但落实在生活里，并且以此为依循的方向与目标，共同弘扬人间佛教。

发心与发展

帮助自己要"发心"

发心　就是要开发我们的心地

发心　就是建设自我

帮助世界要"发展"

发展　就是开发我们的世界

发展　就是建设世界

地点：日本

时间：2002 年 4 月

各位贵宾、各位会员：

大家好！国际佛光会创会已然迈入第十一年了，今天大家不远千里，从世界各地前来日本东京参加第九次世界会员大会，实在非常难得殊胜。

联合国曾订定一九六五年为"国际开发年"，"开发"是这个时代大家共同的任务。尤其二十一世纪是个科技进步，资讯发达的时代，一般人莫不以汲汲开发世间的经济生活为要务，而我们佛教徒则以开发内心的真如佛性为根本。

国际佛光会是一个佛教的团体，因此我们不但要有"内在"的开发；我们同时也要有"外在"的开发。内在的开发就是开发我们的心地；外在的开发就是开发我们的世界。

例如，现在举世瞩目的太空总署，长期以来一直积极地开发外太空，人类不但登陆了月球，甚至发现火星、木星里也有水源，也能提供植物的生存；甚至苏联和平号的卫星，在太空服务人类十多年后，才在去年于南太平洋功成身退。世界的能源专家，也不断地探勘海底，开发海底石油的能源。现在的开发公司，更致力发展都市建设、开发山海新生地等工程。目前世界上著名的机场，包括香港过去的启德机场、现在的大屿山机场，还有新加坡的樟宜机场、曼谷的廊曼机场等，不就是兴建在海埔新生地上的建筑物吗？

此外，现在的学校教育，有将"开发潜能"列为教学计划者，还有文学家开发文学的领域，创作许多优美的词章、动听的诗歌，以及哲学家发挥对未来学的思维、对人类慈悲心的提倡等，这些都是在开发我们的精神世界。由此可知我们人类文化一直都在不断地进步中。

国际佛光会的会员也和社会大众一样，时时都在开发自己，以求自度；念念开发社会，以期度他。例如"佛光会员四句偈"说：

"慈悲喜舍遍法界，惜福结缘利人天；禅净戒行平等忍，惭愧感恩大愿心。"

从这四句偈中，我们希望会员大众能开发自己的慈悲心，开发自己的喜舍心，开发自己惜福结缘、惭愧感恩的心，甚至开发自心本性里大愿大力的禅心佛性，以期自利利他，自度度人。

此亦说明，本会自从十一年前创会之初，就在提倡自他开发、内外开发、事理开发。主要的是希望我们的家庭，不只是开发财富能源，更要重视开发人际关系的和谐；不只是希望升官发财，更要以福利社会人群为心志之所归。

今年是国际佛光会创会届满十一周年，又值二十一世纪人类新纪元的初始，所以我们特别在国际佛光会第九次世界会员代表大会在日本召开的此刻，提出"发心与发展"的主题，希望今后人人在"发心"方面，要能发四种心：

一要"发慈悲心，怨亲平等"；

二要"发增上心，定慧等持"；

三要"发同体心，人我一如"；

四要"发菩提心，自在圆满"。

"发心"之外，还要有四种"发展"：

一要"发展人性的真善美好"；
二要"发展世间的福慧圣财"；
三要"发展人际的和乐爱敬"；
四要"发展未来的生佛合一"。

发心，就是建设自我；发展，就是建设世界。帮助自己要"发心"；帮助世间要"发展"。兹略述其义如下：

一、发心

佛教的百千法门中，"发心"最为重要。发心就是开发我们的心地。佛教将"心"比喻为"田"、为"地"；田地不开发，如何能播种？心地不开发，如何长养菩提？所以在佛门的修持里，都要我们发"四无量心"，发"四弘誓愿"，并且实践"四摄法"、"四加行"，以期自度度人。

省庵大师说："入道要门，发心为首；心发，则佛道堪成。"因此，希望我们会员大众要发四种心。

（一）发慈悲心，怨亲平等

"慈能与乐，悲能拔苦。"娑婆世间最大的缺陷，就是爱与恨的分歧、怨与亲的疏离。其实，爱恨、怨亲都是主观的分别，例如自己身上的一块烂肉，由于是自己的，因此就会好好地加以洗涤、治疗、保护。本此心理，如果我们对于自己不喜欢的人，能够"以爱止恨"、"以亲处怨"，懂得人我乃是"同体共生"、"人我一体"，把你我的立场相互融和，进而开发自己的慈悲心，所谓"无缘大慈，同体大悲"，则一切众生都是我们的父母亲眷，都是我们的罗睺罗。

所以佛经说："以慈止怨，以忍息诤。"基督教也说："爱你的仇敌。"儒家则有"泛爱众而亲仁"的精神。佛陀更以叛徒提婆达多为自己的逆增上缘，这一切都是慈悲心的展现。

慈悲是佛法的根本。《维摩经》说："智度菩萨母，方便以为父，一切众导师，无不由是生。法喜以为妻，慈悲心为女，善心诚实男，毕竟空寂舍。"佛教的三藏十二部虽然有无量的法门与教义，但是皆以慈悲为根本；《怖魔经》说："一切佛法如果离开慈悲，则为魔法。"

所谓"慈悲"，如《八大人觉经》说："生死炽然，苦恼无量，发大乘心，普济一切，愿代众生，受无量苦，令诸众生，毕竟大乐。"自古以来，菩萨发心都是甘愿为众生做牛做马，为众生服务；如果没有众生，何来佛道呢？所以慈悲是通往佛道的一条捷径。

慈悲不仅是理念上的了解，更应该从身体上付诸实践。例如：地藏菩萨的"地狱度众"、韦驮尊者的"三洲感应"、沩山灵祐禅师的"愿做众生的老牯牛"、布袋和尚的"捡拾人间的烦恼"等。历代的诸佛菩萨、一切圣贤，哪一个不是如观世音菩萨一样：以慈眼视众生、以悲心度众生，以慈悲来示现人间呢？

慈悲是净化、升华的爱。人与人之间，如果能换个立场，人我对调，为对方着想，就能兴起慈悲的念头。一念慈悲可以化除贪欲，一念慈悲可以化除瞋恨，一念慈悲可以化除骄慢，一念慈悲可以化除怖畏。所谓"一人慈悲，众皆伴侣"；"万人慈悲，法界一如"。如果一个人实践慈悲，大家都可以做我们的朋友；如果社会大众都发起慈悲运动，普天之下自然也都能如兄弟手足一般地相亲相爱了。

过去，佛陀的慈悲曾经让众生得到庇护安乐；现在希望我们的佛光会员，也能本着佛陀的慈悲心怀，先从自他怨亲平等做起，能够如《法华经》所说：一切男子是我父，一切女子是我母，一切年轻于我者，皆是我的兄弟姊妹；即使是冤家仇敌，我也可以化他、爱他，但不能恨他。以此慈心来引导全世界人类，迈向光明幸福的康庄大道。

（二）发增上心，定慧等持

"增上"就是增胜上进的意思。《成佛之道》说："下求增上生，现乐后亦乐。"对于世间的物用，我们并不排斥、否定，因为人在世间上生活，自然就需要眷属的爱敬、净财的增长，以及福乐富贵的不断增上，这才是人间生活的要求。

但是，我们光有外在的富有，这是不够的，我们对于内在的精神，还必需透过"定慧等持"、"止观双修"，不断地自我提升，以期如"佛光会员信条"所说："我们现证法喜安乐，永断烦恼，远离无明。"

谈到"定慧等持"，在《六祖坛经》的"定慧品"中，惠能大师说："定慧一体，本是不二。""定"，就是要我们遇境不动心、不气恼；"慧"，就是要我们运用得体，凡事如法，那就是智慧的妙用。如大颠禅师的侍者告诉大颠禅师说：对付韩愈要"先以定动，后以智拔"。

定与慧，离一非道。《涅槃经》说："定多慧少，增长无明；慧多定少，增加邪见。"六祖大师则说："常生清净心，定心而有慧；于境上无心，慧中而有定；定慧等无心，双修自性证。"

定与慧的关系，如金与器、如水与波、如灯与光，都能相互为用，不即不离。定与慧，如鸟之双翼，如人之双臂；如果"定慧等持"、"体用一如"，还有何事不能成办呢？

因此，我们希望佛光会员，人人发增上心，定慧等持。

至于"发增上心"，在佛教里认为，"五乘佛法"也是从人、天进入到声闻、缘觉，而到达菩萨的目标，这就是增上；"四罗汉果"也是从须陀洹、斯陀含，而到阿那含、阿罗汉，依序增上；菩萨的五十一阶位，也是从十信、十行、十住、十回向、十地，而到等觉、妙觉的佛果。所以，修行绝非一蹴可及，而是逐渐增上的。

现在的佛教，以在家信众为多，信众以家庭眷属的爱敬为根本，如果把家庭的日用、社会的名声、物质的利养，都排除在佛法之外，则信徒以何而生存呢？

所以，本会一直强调，出家僧众应以发"出离心"为要；在家信众只要发"增上心"即可。如果能够从发"增上心"，渐渐地看破放下，而能激发菩提心，达于"定慧等持"，则何愁慈悲不能圆满呢？

（三）发同体心，人我一如

世间上，最烦恼的事就是"差别"，诸如男女、贫富、知见、中外等各种差别。因为有差别，就有诸多的矛盾；有矛盾就会产生抗拒；彼此抗拒的世间，人我怎能和谐一如呢？因此，吾人要求世间的和平幸福，就必须泯除人我分别，发同体心，人我一如。

佛法昭示我们："同体平等，人我一如。"黄山谷在"戒杀诗"说："我肉众生肉，名殊体不殊；原同一种性，只为别形躯。"想到如此，大地众生皆和如来一样，具有智慧德相，只因我人妄自分别，故而才从差别中生出世间的一切苦相。

世间上的众生有种种性、种种相；然而相上虽有白种人、黄种人和黑人等种族的分别，但是"人同此心，心同此理"。例如，人人对于安全、和乐、平安、顺遂，都是一样的需求；既然如此，我们就不应该把自己的幸福建筑在别人的痛苦之上，就不可以把自己的成就建筑在别人的渺小上面。

孔子说："己所不欲，勿施于人。"佛教主张要把禅悦法喜与世间大众共同分享，要把世间上的一切众生，都看成是自己的伴侣，都是我自己身心的一部分，都是我自己的生命所有。

说到众生，在类别上，有"胎生、卵生、湿生、化生"；在形相上，有"若有色、若无色"；在精神思想上有"若有想、若无想"等等。众生虽有千差万别，但性灵和吾人都没有分别。即使是大地山河、树木花草，因吾人成佛，它也可以跟我们的自性连为一体。所以，一切众生，自性真如都是平等的。

人类，与自己愈近者愈亲，与自己愈远者愈疏。你看，举世的芸芸众生，同国、同党、同派、同事、同学、同乡、同姓、同一家；所以有夫妻之情，有儿女之情，有父母之情。愈是近亲，愈是感到和自我的关系密切，所以要建立同体的观念，先要建立举世人类都和我有相互的关系。例如，农夫种植米谷，我才有饮食；工人织布，我才有衣穿；甚至我们生活中的一切，哪一样不是社会大众所供给的呢？如果没有他们的心意、精神、劳苦，则我们便无法得生。所以离开了众生，离开了因缘，"我"就不能单独地存在；能够建立人我众生一如的思想，则在同体共生的理念下，还愁世界不会和平吗？

（四）发菩提心，自在圆满

菩提心就是牺牲奉献，就是成就众生，因此菩萨道的精神，就是发起"上弘下化"的菩提心。

实践菩萨道的大乘行者，受持菩萨戒除了有防非止恶的摄律仪戒以外，更有勤修善法的摄善法戒，以及度化众生的饶益有情戒。这显示了菩萨行者不仅要消极地不作恶，更要积极地修一切善，乃至遍学一切法门，以度无边众生。

根据《菩萨善戒经》说："有二因缘失菩萨戒，一者退菩提心，二者得上恶心。"因为菩萨发心是为广度众生，如果不发上弘下化的菩提心，便不能称为菩萨。

历代圣贤发菩提心，行菩萨道者，均可作为吾人修行的典范。如《本生经》载，佛陀在往昔行菩萨道时，曾不惜性命"舍身饲虎，割肉喂鹰"，以完成菩萨布施度的宏愿；作忍辱仙人时，为歌利王割截肢体，以不生嗔恨而圆满忍辱的修行。

此外，目犍连"为教殉难"、富楼那"蛮邦兴化"、摩诃男"自沉河底救族人"、法珍比丘尼"断臂募资刻藏"等，若非靠着菩提心发起的力量，如何能有此大愿大行！如果没有历代的古德们舍身舍命行菩萨道，佛法命脉如何延续于后世？

菩提心不是一时的情绪，而是从生活中点滴的受持奉行；菩提心是不放弃一个众生，不轻视一点小善；菩提心是以佛道为依归，以真理为法侣。

佛光会的宗旨目标，就是要带给众生佛法，尤其是欢喜的佛法；是要让每个人能够改善自己，从烦恼的枷锁中解脱出来，享受人生的欢喜，从物质和自我的束缚中解脱出来，享受群我共生的喜悦。

人生一期一期的生命，过去世、未来世因有隔阴之迷而无法掌握，但是一定要能掌握现世的欢喜。一个人如果拥有再多的金银财宝、功名富贵，乃至美貌、学识等，却不快乐、不欢喜，这样的人生也是没有意义的。因此在佛法里提倡禅悦、提倡法喜，诸佛菩萨中更有欢喜佛、禅悦藏菩萨、欢喜地菩萨等。这说明在佛法里如果没有体会到佛法的欢喜，就是没有宗教的体验，这样的信仰就有了危机。如果有了法喜的人，即使给人批评、谩骂、欺负，也不会失去欢喜，即使苦行，乃至诵经、拜佛、布施助人，也都会充满了快乐欢喜。

所以，布施、修行，都是法喜、快乐的事；如果布施很苦、修行很苦，就不自在；不自在，就不是菩提心。人生如果不自在，也不圆满；观世音菩萨"游诸国土"，游，就是自在。因此，希望吾等佛光会员，人人都能效法诸佛菩萨的广发菩提心，能够"上求佛道"，也能"下化众生"；能够在菩提心中自在解脱，才能圆满。

二、发展

国际佛光会自一九九一年二月一日在台湾创会，继而翌年的五月十六日在美国成立世界总会。十年来佛光会一直本着既定的宗旨、目标、方向在发展。

佛光会的发展方向，就是希望我们每个人，从做好一个"佛光会员"，继而建设"佛光人家"，接着发展"佛光社区"，到最后创造"佛光净土"为终极目标。

创造佛光净土既是佛光人努力发展的目标，因此我们希望未来的佛光会，应该加强檀讲师、檀教师、檀导师的训练，加强佛光会员的国际宏观，大家一起来开发世间的能源，更一起来开发内心的宝藏，希望大家朝着下列四个方向，努力实践。

（一）发展人性的真善美好

佛光会自创会以来，一再地提倡文化、教育、慈善、共修，尤其在有关信众的教育方面，我们在各地举办读书会、短期出家修道会、各种讲习会、各种成长营，甚至青少年的进修班、交响乐团，还有佛光青年团、佛光成人礼等。

我们在文化、教育、公益上给予信徒的教育，主要就是要大家开发真善美的品德。因为现在的世间，家庭里的份子，彼此缺乏真情，所以家不成家；社会上，群我之间缺少善行，所以产生人我决裂。由于人类不把真如佛性里的美好，表现到人间来，大家共荣、共有、共好，反而到处充满了贪嗔嫉妒，狰狞丑陋，失去了真善美好的因缘，这个世间还有什么可爱的呢？

真善美好，是人间最重要的目标，也是人间最需要开发和建设的境界。《妙法圣念处经》说："众善应可爱，如父复如母；美善体安然，能离于喧净。美善人天喜，美善增勤勇；美善眷属多，美善三涂离。美善息诸恶，美善离烦恼；能弃语过非，应修诸众善。"

真善美好的人生，是天上、人间，大家一致共同追求的目标。为了开发人间的真善美好，我们希望本会大众，今后应该在身口意上，依循佛陀的开示：

1. 说话时，要说真语、实语、如语、不异语、不诳

语等令人受用的好话。(《金刚经》)

2. 做事时，要做善行、懿行、美行、利行等有益于人间的好事。(《阿含经》)

3. 存心时，要存慧心、道心、悲心、愿心等祝福别人的好心。

说好话、做好事、存好心，这也正是本会所提倡的"三好运动"。本会长久以来虽然一直都以推动三好运动来发展人性的真善美，并且将此视为发展的重要任务，但是总觉得还是不够。因此，我们更希望政府当局，乃至全世界的有识之士，对于有关开发人性真善美好的建设，都应该给予奖励，给予宣扬。以期风气所及，让我们的人间社会，到处所听到的都是美好的声音，到处所见到的都是真诚感人的事情，到处所想到的都是为人服务的善事。

我们希望全体佛光会员，大家率先动员，大家一起来学习发展，让我们推己及人，创造一个和谐美好的人间，让大家都能拥有一个真善美好的人生。

(二) 发展世间的福慧圣财

世间上，人人都希望发展自己的事业，发展自己的财富。但是，我们尤其希望大家能重视福慧事业的发展，重视共有圣财的发展。

说到财富，有"狭义的财富"，诸如金钱、房屋、土地、股票等；有"广义的财富"，例如健康、智慧、人缘、信用、道德等。

除此以外，还有"有价的财富"，譬如声望、名誉、成就、历史；也有"无价的财富"，比如人格、良知、真心、本性等。乃至有形的财富、无形的财富；现世的财富、来世的财富；个人的财富、大众的财富；物质的财富、精神的财富；一时的财富、永远的财富等等。

所有的财富，要能与福慧建立关系；福慧是人生最究竟圆满的财富。佛陀是福慧具足的两足尊；福慧事业不能发展，人生就不能圆满。所以我们呼吁大家，为了要福慧具足，要发展圣者的财富。

所谓圣者的财富，例如般若禅定的财富、法喜禅悦的财富、惭愧感恩的财富、慈悲智慧的财富；也就是净财、善财、法财。

《诸法集要经》说："珍宝有散坏，法财用无极；唯所修善法，百千生相逐。"真正的财富，不一定要看银行里的存款，也不一定是指土地、房屋、黄金、股票，这些都是五家所共有，个人无法独得；人生唯有发展信仰、满足、欢喜、惭愧、人缘、平安、健康、智慧等，才是真正的拥有世间的福慧圣财。这些财富不但现世受用，来世还可以受用；不但一时受用，还可以终身受用；不但一人受用，还可以大众受用。

因此，人不要只看重个人的财富，也要创造、发展共有的财富。甚至，你固然可以拥有私有的财富，但你更要懂得享受共有的财富，例如阳光、空气、净水等。你懂得的话，宇宙山河、公园道路，都是我们能享有的财富，我们还会贫穷吗？

人为什么来到人间？人不是为了受苦而来，也不是为了斗争而来；是为了享受人间的福慧，享受人间的资源，享受自心的平静而来。但是这一切，也要靠我们自己来发展，才能获得。

（三）发展人际的和乐爱敬

世间不是我们任何一个人的，世间是由很多个人所共同组织成的社会，大家在社会里共求营生。

世界上几十亿的人口，大家要想和乐爱敬的共同生存，当然就要培养人际之间的关系，发展人我之间的共同需要。所以就有人在物质上发展富丽堂皇的都市，在经济上发展银行货币的流通，在感情上发展婚姻眷属的关系，在生活上发展衣食住行的需要。

但是，在社会的各种建设当中，也有一些不当的发展，例如，舞厅、酒家、赌场、帮派等场所或组织的设立，提供人们在追求五欲之乐，追求感官刺激的同时，也让内在深层的性灵生活跟着堕落、沉沦了。所以社会出现了畸形的发展，人际之间也造成了许多的矛盾、许多的纠纷；也因此使得和乐爱敬的人际关系，在此世风日下、世道纷杂的混乱时刻，更加显示出它的重要性，更加的需要吾人去为它重新估定价值。

过去，基督教发扬博爱，墨子发扬兼爱，儒家发扬仁义，历代诸子百家、宗教学者，莫不希望在思想、学术上发展出另外的一套方案，以充实人际之间和乐爱敬的关系。

但是，从各种发展的结果看来，开发人类赖以维持社会秩序的和乐爱敬之美德，还是有待佛教来负担起责任，因为佛教讲"心"，心才是一切善美品德的源头。

一般开发世间的能源，那只是物质上的发展；发展内心的宝藏，那才是真正给人超脱的方便。例如，国际佛光会为了净化人心，多年来一直发展"把心找回来"系列活动；为了促进社会的健全和谐，我们推展"七诫运动"；为了找回人性的尊严，我们提倡"慈悲爱心人运动"；为了群我关系的互助，我们举办"三好运动"等。

历届的佛光会世界会员大会，我们相继提出"欢喜与融和"、"同体与共生"、"尊重与包容"、"平等与和平"、"圆满与自在"、"自然与生命"、"公是公非"等主题演说，目的就是希望发展一个和乐爱敬的社会人间。

此外，我们主张"尊重会员大众，来时欢迎去时相送"；我们提倡"实践生活修行，随时随地心存恭敬"，也都是为了和谐美好的人我关系。

我们更希望会员大众，人人学习佛陀"示教利喜"的精神，不断开发自己内在的能源。我们要学习《法华经》中常不轻菩萨"我不敢轻视汝等，汝等皆当作佛"的尊重；我们要实践普贤菩萨"随喜功德"等深弘誓愿；我们要效法古德先贤们"为大法也，何惜生命"之坚忍不移的精神。希望我全体佛光会员，都能朝此目标发展，并臻完成。

（四）发展未来的生佛合一

现在的时代，对人间的发展可以说一日千里，大家对未来的发展，更是寄以殷切的关注。

"未来学"是这个时代的热门学科，大家的眼光都望向未来，注意未来。例如，现在的青少年都懂得要有"生涯规划"，现代的长者也在计划如何"安度余年"，以及各国政府也有五年计划、十年计划，甚至有人在研究十年后、百年后的世界。可见对未来的发展，已经成为这个时代重要的任务。

过去，佛教也总是鼓励信徒要修好来生；来生就是未来。现在的科学家，已经在预备未来要占领太空，因此现在不但有人到月球预购土地，甚至有人计划移民其他星球。人类对于宇宙世界，愈来愈有更大的发展，愈来愈具有宏观的思想。

自古以来，一般普通的民众，都希望开发天堂，以供自己长住久安；佛教徒也开发兜率内院，寄望亲近弥勒尊佛，时常听经闻法，以期成佛。还有许多佛教大乘行者，立志开发东方琉璃净土，开发西方极乐世界，以期能够"生佛一如"。

所以，佛教对"未来"，已经有数百千年的发展经验，现在经过科技的文明，经过各种文化的启发，对于发展未来的理想，更是愈来愈浓厚。像佛教徒的合掌、礼拜，都是希望借此与诸佛菩萨接心，但现在的佛教弟子，他的愿望不只是接心，而希望与诸佛菩萨长相左右，达到生佛合一的目标。

我们阅读经文，都看到东方世界、南方世界，各处世界里的诸佛菩萨和他的子民如何和谐、如何安乐。这已经不是经文上的记载，这也是我们人类应有的发展理念。

在《佛性论》有一段记载："由般若故，成就佛法；由大悲故，成熟众生。由二方便，住无住处，无有退转，速证菩提，灭五过失，生五功德，是故佛说一切众生皆有佛性。"

生佛合一，这不但不是遥不可及的梦想；甚至心佛众生，本来就是等无差别的真理。所以，我们希望佛光会员们，能够在现世的人间，开发我们的慈悲智慧，开发我们的真如佛性；只要我们能够时时拥抱真理，只要我们能够永作佛国的一员，那就是与佛合一了。

综上所说，"发心与发展"实在是每一个现代人，不仅对自己、对家庭、对社会、对国家，甚至是对全宇宙人类应有使命。

因此，我们希望从今以后，大家不要辜负了佛教里"发心"这么美好的用语，不要让它成为老生常谈的空话，希望人人都能真正的"发慈悲心，怨亲平等"；"发增上心，定慧等持"；"发同体心，人我一如"；"发菩提心，自在圆满"。

"发展"，也不要让它成为社会上发展物欲的专属，希望人人真正做到："发展人性的真善美好"；"发展世间的福慧圣财"；"发展人际的和乐爱敬"；"发展未来的生佛合一"。

发心，人人要发，刻不容缓；发展，实时行动，期能早日圆成。

自 觉 与 行 佛

行佛就是依照佛陀的教法去实践奉行

真正的修行人　必须解行并重

有了慧解才能自觉

透过行佛才能觉他

自觉是自我开发　觉他是行佛之行

能够自觉与行佛

当然心中有佛

时时与佛同在

地点：中国台湾佛光山

时间：2004 年 9 月 3 日

各位贵宾、各位会员，大家好！

今天是国际佛光会创会以来第十次召开世界会员代表大会，也是第三次回到台湾佛光山举行，感谢大家从世界各地不远千里而来参加。

今年是我出家六十六年、弘法迈入第五十六个年头；去年出版《云水三千》时曾有人问我：什么叫云水三千？也有人问我：为什么要经常在五大洲来回奔忙？我回答：天上的白云飘来又飘去，地下的河水流去又流回来；出家人行脚就是云水。云水到哪里去呢？三千大千世界。所以，云水就是"行佛"。

这数十年来，看到佛教在台湾乃至世界各地蓬勃发展，不但信仰佛教的人口逐年增加，尤其佛教所办的各种弘法活动，也都普遍受到社会各界人士的热烈参与，这真是值得可喜的现象。但是另一方面，却又感于这么多年来，一般佛教徒的信仰始终停顿在"信佛"、"拜佛"、"求佛"的阶段，不免想到过去佛教之所以衰微、没有力量，就是因佛教徒没有在生活中落实佛法。例如，佛教要我们慈悲，多少佛教徒有真正的慈悲？佛教要我们喜舍，多少佛教徒具有喜舍的性格？佛教要我们有般若，多少佛教徒是真正的明理、有智慧？身为佛教徒而没有佛法，佛教怎么不衰微呢？

为了提升佛教徒的信仰层次，最近我提倡"行佛"运动，并且订定今年为佛光会的"行佛年"，希望大家在日常生活中都能确实实践佛法。例如佛要我们慈悲，则不可轻易伤害生命；佛要我们忍辱，则不可嗔心怒骂；佛要我们广结善缘，则不可以自私自利……唯有大家真正落实"信仰生活化"、"生活佛法化"，在二六时中，不管行住坐卧都能自动自发、自觉自悟地"行佛所行"，如此自己才能得到佛法的受用，佛教也才能根植人间。所以今年的大会我以"自觉与行佛"为主题，提出四点意见，希望做为大家未来努力的目标。

一、用自觉心升华自我

人，从小就有父母来教育我们；及长入学，必须接受学校老师的教育；走出家庭、学校，则有社会教育。在很多的教育当中，以"自觉"的教育最为重要。

"自觉"就是一种自我教育，佛经讲，"自依止、法依止、莫异依止"，就是自我教育；"触类旁通、举一反三、闻一知十"，也都是自我教育。

自我教育的"自觉心"是修学佛法的一个重点，当初佛陀所说的教法，无非是为了让众生悟入"觉"的境界，导引有情悟入佛的知见，而与佛平等；就是佛陀自己本身也是因"自觉"而成道。佛陀因证悟宇宙人生的真理（自觉），而又本着无尽的慈心悲愿，以真理来教化众生（觉他），所以是"自觉"、"觉他"、"觉行圆满"的觉者。佛陀以他自己名号的意义，就是要我们效法他，学佛要靠自己觉悟；一个人能够

"自觉"，继而"觉他"，才能成就"觉行圆满"的功德。

自觉的教育，考之于西方社会，他们从小就训练学生要懂得自己思考、懂得发觉问题、懂得解决问题。老师平时只是启发、引导学生找资料、写报告，甚至课堂上也由学生自己讲说，而不是由老师讲给学生听，让老师来帮学生读书。反之，中国的填鸭式教育一直为人所垢病的，就是受围于老师在台上讲，学生在台下听，都是由老师单方面的上对下传授，这是一种框框，让学生失去自我教育的本能。

所谓"自我教育"，就是要自我要求、自我学习、自我充实、自我反省，而不是只想依赖别人；平时自问、自觉、自发、自悟，透过自我的观照而能找到自己，这就是自我教育成功。

佛教的自我教育，诸如忏悔、认错、反省、禅思、自我观照等。佛教的教育有时用闻思修来受教，有时用参访来受教，有时用冥思来受教，有时用悟性来受教。甚至，有时候一个人自己学不来、读不来，如果你发心教人，所谓教学相长，反而能教得会，这就是自我教育。

自我教育就是凡事要反求诸己。禅宗有一则公案，道谦禅师与好友宗圆结伴参访行脚，途中宗圆不堪跋山涉水之疲困，几次三番闹着要回去。道谦安慰他说："我们已发心出来参学，而且也走了这么远的路，现在半途放弃回去，实在可惜。这样吧，从现在起，一路上如果可以替你做的事，我一定为你代劳，但只有五件事我帮不上忙。"宗圆问道："哪五件事呢？"道谦非常自然地说："穿衣、吃饭、屙屎、撒尿、走路。"意思是说，你要自己解决问题，才能一起上路。

人要靠自己自知、自觉、自悟，才能成功，别人的帮助终究有限。因为别人吃饭，我不能当饱；别人走路，我不能到达目标。自己有病了，别人更不能替我痛苦；身体疲倦了，别人也不能替我休息。开悟证果，修行成道，尤其要靠自己来，如赵州禅师说："像小便这么简单的事，还得我自己去做，何况成佛的大事，别人岂能代替得了？"所以凡事自我要求，一切从自我出发，才有成功的一天。

"自觉"的重要，在《宗镜录》说："如人饮水，冷暖自知。如群盲眼开，分明照境，验象真体，终不摸其尾牙。"其实早在二千五百年前，佛陀于金刚座上菩提树下悟道时，对人间发出的第一句宣言就是："大地众生皆有如来佛性！"每一个人都具有成佛的性能，人人都可以成佛；人与佛本来是平等无二，但由于凡夫一念不觉，因此长沦生死。学佛，就是要开发自性，要觉悟自性。

"觉"有发现、察觉的功能，和发明不一样。发明是透过创新，研究出一种新的东西，而发现则是就本有的东西加以察觉。如举世熟悉的英国大科学家牛顿发现"地心引力"，这就是一种"察觉"的功能，因为即使牛顿不发现，地心引力依然存在。甚至当初佛陀证悟成道，他也只是发觉了"缘起"的真理，而非创新，所以《杂阿含经》说："若佛出世，若未出世，此法常住，法住法界，彼如来自觉知，成等正觉。"

人类生存在地球上的历史已经相当悠久，但为什么只有牛顿发现地心引力？因为牛顿比一般人更有敏锐的观察力，以佛法来说，就是他的"觉性"比一般人高出许多。觉性的高低对一个人智慧的开发影响很深。佛法非常重视对有情众生之觉性的开发，有了觉性才能开发智慧，才能看出和体验出解脱之道。

在佛教的"十法界"中，"四圣"之一的"缘觉"，他是"无师自悟"而"不由他觉"；缘觉因为出于没有佛陀出世，或者没有佛法的时代，他是观十二因缘而觉悟真谛之理，因此称为缘觉。乃至佛陀的弟子大迦叶，他曾经自豪地说："如果我不能遇到释迦牟尼佛，我一样也能成为独觉的圣者。"

因为大迦叶尊者的觉性高，所以当初佛陀在灵山会上"拈华示众"，与会百万人天大众皆面面相觑，无法会意，唯有迦叶尊者当下灵犀相应，破颜而笑，于是佛陀把"正法眼藏，涅槃妙心，实相无相，微妙法门，不立文字，教外别传，付嘱摩诃迦叶"。禅也因此在"拈花微笑"、师徒心意相契的刹那之间流传下来，这就是"自觉"。

在中国的禅门一直很讲究"觉悟"，凡事要靠自己去参，不能说破。有一次香严智闲因为师兄沩山灵祐禅师问他："未出娘胎前，什么是你的本分事？"智闲懵然不知应对，他请师兄为他道一句，沩山禅师说："我说了，那是我的见解；对你，又有什么益处呢？"智闲于是回到僧堂，把所有语录经卷搬出来，左翻右翻，竟然没有一句合乎应对的话，不禁叹息道："说食不能当饱，画饼岂可充饥？"于是把所有典籍付之一炬，发誓说："这辈子不研究义学了，从今以后要好好做个粥饭僧，免得浪费心神。"

智闲拜辞沩山禅师，来到南阳慧忠国师住过的遗址禁足潜修。有一天，在割除杂草时，无意中瓦砾击中石子，发出响声，他廓然顿悟，说偈云："一击忘所知，更不假修治；动容扬古道，不堕悄然机。处处无踪迹，声色外威仪；诸方达道者，咸言上上机。"

当初如果沩山禅师一语道破，何来智闲的廓然顿悟呢？所以六祖大师说："与汝说者，即非密也；汝若返照，密在汝边。"一个人如果忘记了自己，不管修学什么，都是别人的。此即所谓"从门入者，不是家珍；从心流出，才是本性。"

人生在成长的过程中，有时候需要父母的教导、老师的训诫、社会大众的帮助、长官的提携、朋友的勉励；但是最重要的，还是要靠自己"自觉"。如果自己不能自觉，光是依靠别人，就如自己的身体，血管里的血液是自己的，是自发的营养，对增进健康有最大的功效与帮助；如果靠打针、注射营养剂，总是外来的，利益有限。所以平常我们说"皈依三宝"，其实是皈依自己的自性三宝，是为了找到自己、认识自己。人的自性本来清净无染，因为一念不觉，不能自知，故而忘失自家本来面目，所以沉沦苦海。学佛，就是要开发自己的真心，摘下自己的面具，诚恳地剖析自己、认识自己。但是这一切，不能依靠别人完成，唯有自觉，才能达成目标。

"觉"就是证悟涅槃妙理的智慧，我们常说要发菩提心，要行菩萨道。何谓菩萨？《大智度论》卷四说："自觉复能觉他，是名菩萨。"如果将这一份功德再行提升，再行圆满，就是成佛的境界。成就佛的功德主要是从自觉、觉他和觉行圆满中来，意思就是告诉我们，在学佛的过程中，要时常以觉性的启发来面对当前的生活，以恒常觉性的圆满来成就佛道。所以，菩提心、菩萨道基本上是在说明，人生的过程其实就是一条觉悟之路。

要开发自己的觉性其实并不是难事，可以说只要留心，处处都是觉悟的表现。儒家的"一日三省吾身"，佛教的"往昔所造诸恶业，一切我今皆忏悔"，都是自觉的功夫。宋朝大慧普觉禅师更说："学道人逐日但将检点他人的工夫常自检点，道业无有不办。或喜或怒，或静或闹，皆是检点时节。"一个人一旦发觉自己有了过失，必须要有"自觉心"来自我改造。如梁启超说："今日之我不惜与昨日之我宣战。"儒家也有"苟日新、日日新、又日新"的自我改造之言；佛教里的沙门生活规范是"勤修戒定慧，息灭贪嗔痴"，因能时时自觉而拥有戒定慧的武器，当然就能降伏贪嗔痴。所以，懂得自觉、自悟，才能自我进步。

自觉是一条趋向自我解脱的道路，自己一句"我会了"、"我懂了"、"我明白了"，比别人的千言万语教导我，还要管用；反之，如果自己不求觉悟，光靠别人，就如《遗教经》说："我如善导，导人善路，汝若不行，咎不在导；我如良医，应病与药，汝若不服，过不在医。"又如《金刚经》说："凡所有相，皆是虚妄。""若人以色见我，以音声求我，是人行邪道，不能见如来。"执相而求，终是离道愈远；唯有自觉，才能找到自己内心的天真佛，才能发掘自己本自具足的真如佛性。因此，希望今后所有佛光会员大众，大家都能用自觉心来升华自我，平时要发心听经闻法，要自我思想来"闻所成慧"、"思所成慧"，进而"解行并重"地精进修行，透过"修所成慧"的实修来体证自我的觉悟，如此才能圆满自己。

二、用本土化发展佛教

随着时代进步，在资讯发达、交通便利的带动下，整个世界的大环境正朝向全球化、国际化的方向发展，"地球村"的时代已俨然成形。然而在此同时，"本土化"的议题却从来不曾在人类的历史舞台上消失过，最近台湾的政治圈便对此展开广泛而热烈的讨论。

其实，在佛教里，天堂也分三十三天，也有三界之别，所谓欲界六天、色界十八天、无色界四天；甚至佛的国土也有东方与西方之不同。在现实人生里，世界上有许多国家、种族的不同，这是不争的事实，而在各种不同当中，彼此最怕的就是被侵略、被征服，不但国土不容侵略，文化更不希望被征服。

记得过去我在世界各地云游弘法，有一次在美国康奈尔大学讲演。会后有一位约翰·麦克雷教授跟我说："你来美国弘法可以，但是不能老是拿中华文化来压迫美国人，开口闭口都是中华文化，好像是来征服美国文化的。"当时我听了心中就有一个觉悟：我应该要尊重别人的文化，我们来只是为了奉献、服务，如同佛教徒以香花供养诸佛菩萨一样。所以对于不同的国家、文化，大家要互相尊重，要容许不同的存在，就如东方琉璃净土有琉璃净土的特色，西方极乐世界有极乐世界的殊胜，甚至山林佛教有山林佛教的风格，人间佛教有人间佛教的性向。能够"异中求同，同中存异"，世界才会多彩多姿。

回想当初佛教从印度传到东土，印度比丘到中国来都只是从事翻译经典的工作，建寺庙的责任则让给中国比丘去做，所以才有现在的中国佛教。假如当时印度的迦叶摩腾、竺法兰等人都不回印度，而移民到中国来建寺弘法，那里会有现在中国佛教的特色呢？甚至当初达摩祖师东来，将大法传给慧可，为什么？只为了本土化。所以，佛光山在多年前，我把住持之位传给心平法师继承，心平法师是台湾人，这也是本土化的落实。

所谓"本土化"，我所提倡的本土化是奉献的、是友好的、是融和的、是增加的，不是排斥的，不是否决的。例如，过去我看一般华人在美国参加国庆日游行时，虽然他们都已移民美国，取得美国公民的身份，但是他们的心中并未认定美国是他们的国家，所谓"人在曹营心在汉"，所以我就鼓励佛光会员在游行时，高喊口号"我是美国人"，因为我们来到别人的国家，既然身在美国、生活在美国，就不希望一直把自己当成"中国人"，做人家的"国中之国"。

当然，文化是可以互相交流的，但是将心比心，如果我们把立场互换，自然也不希望在我们的国家里还有"美利坚合众国"，或是"大日本帝国"的存在。所以现代的新移民，不管走到哪里，要有"落地生根"的思想，要本土化，要融入当地，不能老是在别人的国家里还要"国中有国"地发展自己。

因此，对于过去华人走到世界任何地方，不管做事或是传教，都要强调"发扬中华文化"，这句话是不对的！因为欧洲有欧洲的文化，美洲有美洲的文化，澳洲有澳洲的文化，我们应该尊重当地的文化，用中华文化与当地的文化融和交流，不要用我们的文化去侵略别人的文化。所以每个国家、种族，都要本土化，乃至今后的佛教，大家来自于世界各地，也一定要发扬本土化。

佛教的传播，虽然其根本教义是不容改变的，甚至戒律也有它的坚持，但是佛教传到中国、日本、韩国，就是北传佛教；传到斯里兰卡、缅甸、锡兰、泰国，即成南传佛教；传到新疆、西藏、蒙古，就是藏传佛教。这是因为气候、地理、风俗、民情不同，所以要随顺世间。如同天主教的丁松筠神父曾经对我说："如果你生长在西方，可能会当神父；如果我生长在东方，也可能会去做和尚。"这也是受到当地的地理、文化、教育、民俗、风情等影响所致，就如出产木材之地，人民使用的桌椅等家具，必定大都是木制的；出产石头之地，则多数是石材用物。此乃"就地取材"，是受环境影响的关系，不是好或不好的问题。

现在讲到用"本土化"来发展佛教，因为佛教不是用来做为一个国家侵略他人文化的工具，而是要同体共生，共同发展，共存共荣。所以佛光会奉行人间佛教，只要在人间，都要发展当地的佛教。就等于美国有五十一州，除了有中央法制外，另外各州有各州的州法。中国三十六行省，也有自治区、特区、少数民族区，因此我们传播佛教的人，传承期要尽量发心落实本土，在很多的不同中，如米谷果蔬都有不同的品种，让佛教在各地也有不同的特色，除了根本教义不变以外，都应该随顺当地风俗民情的需要，容许和歌颂他们的存在。

今年（二〇〇四年）三月，国际佛光会与大陆佛教界携手合办的"海峡两岸以及中华佛教音乐展演会"，由两岸汉传、藏传、南传佛教，八大名寺百余位僧人在台湾国父纪念馆、美国洛杉矶柯达剧院、加拿大英女皇剧院联合演出佛教梵呗，大家虽然来自不同地方，但是在一起各有梵音嘹亮，才更加美妙。

也就是说，佛教虽有大乘、小乘、南传、北传、藏传等不同，彼此各有特色。特色不要改变；甚至各自的语言、唱腔不同，服装颜色也不同。尽管不同，但是在同一个佛教下发展，唯有"本土化"才能更深耕，才能更扩大，才能更发展。

有鉴于此，二〇〇一年四月十九日在南非约堡杉腾饭店会议中心举行"国际佛光会第三届第一次理事会议"时，我曾在会中提出"四化"的主张，即"佛法人间化"、"生活书香化"、"僧信平等化"、"寺院本土化"。所谓"寺院本土化"，就是凡佛光山的信徒和佛光会的会员，在世界共创的数百间寺院道场与弘法事业，不为某一人所有，此乃大家的共财；然而佛光人有一心愿，即在二十年、三十年之间，将使世界各地的寺院予以"本土化"。

当时我告诉大家，假如现在佛光山海外的分别院，西来寺是由美籍的出家人当住持，南天寺、中天寺由澳洲籍的出家人当住持，南华寺由非洲籍的出家人当住持，其他的各个地方都是由当地的人住持；如果佛光山现在把佛教发展到这个程度，那将是一个怎么样的盛况呢？

所以我希望从现在起，二十年到五十年间，让我们辅导当地本土的出家人来负责本土的道场，如此佛法必定能更加快速的发展。尤其目前在佛光山佛学院受教育的学生，各国弟子都有，未来希望更扩大种族的吸收，使其都能成为佛光人，将来组织寺院，发展佛光普照，使佛法真正流传于三千世界。我想，这也是最好的"行佛"之实践。

三、用新事业增广净财

人生在世，必须要有正当的事业，透过勤奋经营，使得衣食丰足，生活安定，然后才能从事种种的善事，此即所谓"衣食足，然后礼乐兴"也。

衣食住行不但是一般人日常生活中不可或缺的要件，即使成了觉行圆满的佛陀，也离不开衣食住行的生活。因此，修学佛法不一定要以穷苦为清高，佛教鼓励在家信众可以聚财营生，可以拥有正当的资用生活，甚至可以荣华富贵。如《大宝积经》说"在家菩萨如法集聚钱财，非不如法"。只要"平直正求"，而且有了财富以后要"给事父母妻子，给施亲友、眷属、知识，然后施法"。

意思是说，在家营生，要积聚有道，要合乎八正道的正业与正命，如《杂阿含经》说："营生之业者，田种行商贾，牧牛羊兴息，邸舍以求利。"只要能将本求利，勤劳赚取，无论是农牧收成，或是经商贸易、企业经营、投资生息所得等等，都是佛教所认可的经济营生。

佛教所谓的"正业"，又叫作"正行"，即指离杀生、不与取等行为，也是指正当的职业；"正命"，就是正当的经济生活和谋生方式。据《瑜伽师地论》卷二十九："如法追求衣服、饮食，乃至什物，远离一切起邪命法，是名正命。"正常而合理的经济生活是生存的基本要素，举凡不会危害社会大众的士农工商等职业，佛教认为都可以从事。佛教主张应该存财于百姓，百姓富足了，国家才能强盛，佛教有了净财也才能兴隆，因此合理的经济生活是佛教所认可的。

然而遗憾的是，过去一些弘法的大德法师们，常常用出家人的修行标准来要求在家信众。譬如谈到金钱，就说"黄金是毒蛇，好可怕哦！"谈到夫妻，则是"不是冤家不聚头"；讲到儿女，都是一群讨债鬼；论及世间，凡事都是苦空无常。这种度化的方式可以说完全悖离人性，不契合众生的根机，难怪有一些不懂佛法的人，一听到要他信仰佛教，莫不避之唯恐不及。

其实，过去一般人都以为佛教讲四大皆空，应该只重视精神生活，而不重视物质生活。但是根据《阿弥陀经》之说，极乐世界不但"思衣得衣"、"思食得食"，而且黄金铺地，宫殿楼阁皆为七宝所成，另有七重栏楯、七重罗网、七重行树，皆是四宝，周匝围遶；四边阶道，亦以金、银、琉璃、玻璃等宝合成，所有菩萨莫不宝冠顶戴，璎珞披身，可以说极尽庄严堂皇，富贵无比。

不过，长久以来有一点令人疑惑不解的是，许多佛教徒轻视当前的福乐财富，而把希望寄托在琉璃净土或极乐世界；今生贫穷不要紧，只愿未来能生到他方世界，享受福乐财富。因此不少佛教徒以苦行为修行，以贫穷为有道，在此理念之下，也使得佛教的传播受到很多的障碍。

记得多年前有一次在欧洲各国参观博物馆，看到天主教的教堂都是金碧辉煌，他们讲究富有，极力发展事业。反观三四十年前的台湾，举凡教堂、银行都建在十字路口、三角窗、大街小巷的出入口等精华地段；但是如果你要到某一间寺院访问，只要走到无路的陋巷，环境卫生最差的地方，寺院道场就到了。

事实上，人间化的佛教，主张今生就可以拥有无限的福乐财富，佛教不是叫人不要钱财、不可以享乐；佛教要我们获得净财越多越好，享受禅悦越妙越好。即使世间上的福乐财富有限，我们也可以体会佛法里的法喜，探索信仰里的财富，享受心里的世界，拥有全面的人间，这才是建设真正福乐财富的人间。

再说，佛教最初从印度传到中国、韩国、日本等地，之所以能在当地社会普遍被接受，其中一个很重要的原因，是因为佛教能重视资生利众的事业，正确解决民生的问题。佛教寺院不仅是传法、办道的地方，往往是结合宗教、文化、艺术、教育的文化中心，并与农业生产、商业经济以及社会福利事业相联系，具有多种社会功能。

甚至自古寺院建筑，朱檐碧瓦，雕梁画栋，富丽庄严；亭台楼阁、廊院相接，重重叠叠，幽远深邃，因此有谓"佛门净土"。佛门其实就是一个清净庄严的世界，一个安乐富有的世界。佛教虽然主张淡泊物质，反对过分耽迷于物质享受，但在普通社会里，适度地拥有物质文明的享受是合乎道德的；佛教虽然不太重视资用生活，但是世间还是要借物质来表达庄严。一个寺庙里，大雄宝殿如果不是巍峨堂皇，怎么会有人来参拜？佛像如果没有装金，怎么会有人尊敬？西方极乐世界因为黄金铺地，七宝楼阁，富丽堂皇，所以才能接引众生，欣然往生其国。

因此，佛教虽然讲究个人的生活要简单朴素，但对大众则建广单，接纳十方大众挂单。正如杜甫的《茅屋为秋风所破歌》说"安得广厦千万间，大庇天下寒士俱欢颜"。佛教虽然主张出家人可以清茶淡饭，所谓"三衣一钵"、"衣单二斤半"、"头陀十八物"，但对广大的佛教徒要给予新的求生观念。因为"巧妇难为无米之炊"、"贫贱夫妻百事哀"，一个在家修行的人不能没有钱财，否则如何孝养父母？如何安顿家庭的生活？何况修行办道、布施救济，都需要钱财作为助缘资粮。即使是国家社会的各项发展，也需要丰实的国库作为后盾。而佛教本身必须提供弘法利生、医疗慈善、教育文化等服务来净化社会，造福人群，如果没有净财，又怎能成办这些佛教事业呢？因此，佛教不排斥钱财，只要是来路明白、用途正当的"净财"、"善财"、"圣财"，都是佛教所容许的。

在佛教里常常讲"发心"，若照佛教的发心来说，发增上生心的在家居士，在社会上营求功名富贵，并且过着妻子儿女的伦常生活，这是佛法所允许的。如《维摩经》里，维摩居士在世间奉行佛道，他和世俗的人一样，开商店、做生意、种田耕地、赚钱营生，但是金银财宝在他手中，一点也没有妨碍，他身带金钱，到各种不同的场所随缘度化众生，使得这个世界成为净化的人间净土。

在佛教教团中，本来就包括僧信二众，维摩居士以在家优婆塞的身份经营事业，获取利益，这是说明治生事业与佛法并不相违背，因为有充份的经济能力，才有办法推动佛教的法轮。

我们看现在的社会，集团有集团的事业，个人也有个人的跨国公司，甚至党派有党产、教会有教产，这就是企业化。企业化不是只为赚钱，要有组织、任用人才、为人服务、拓展管理方法。佛教徒为了光大佛法，远绍如来家业，常有一句话说："弘法是家务，利生为事业。"出世的佛教虽然不以营利为弘法事业的目标，却不能因此否定佛教事业的成就和贡献，因为人间佛教是"以出世的精神，做入世的事业"，特别注重信徒现生的幸福安乐。因此佛光山一向本着"非佛不做"的原则，发展文化、教育、慈善等佛化事业。因为我们认为，虽然过去的佛教重视道业、学业，不重视事业，但是山林比丘可以透过闭关修行，用道业的成就来受人供养；人间比丘则应该透过说法著作，用宣扬来教化、推广佛教。

除此之外，佛教还需要有在家信众从事佛光事业，例如设立滴水坊、文物流通处、素食馆、交通旅游、顾问公司等，借以发展结缘的事业，提升服务的品质。或是开办工厂、农场、电力公司、自来水厂、百货公司、大饭店等民生所需的事业，以及保险、报纸、电台、电视台，乃至安养院、育幼院、儿童之家、幼儿园、托儿所等。甚至将来佛教有办法，也可以发展电脑、网络，让全球共享佛法与资讯。

另外，过去寺院培养山林，给人休憩，现在佛教也可以发展园林观光之无烟囱工业。现在的时代，"受益者付费"的观念已经普受社会人士所认同，一般参观博物馆、风景名胜等都要付费买门票，这在全世界早已成为惯例。未来佛教设立的文物陈列馆、园林景观也可以酌收维护费，只是信徒如果是到寺院礼佛参拜则不可以收费，因为信徒自然会添油香，两者要有所分别，这个问题目前在大陆、韩国、日本等地，都有检讨的必要。

现在佛教办学校、医院，也如过去的寺院收租一样。过去寺院都是用田产、房屋来收取租金，现在也可以开设大旅社、会议室，一样可以收租金。甚至可以开银行，为信徒贷款，如过去寺院也开设当铺，并非没有先例。

在古代经济活动尚未发达之际，寺院经常以暂时闲置的善款、余粮来帮助信徒周转、救急，例如北魏的僧祇粟与僧祇户，帮助政府解决了人民的饥馑；南北朝的寺库、唐代三阶教的无尽藏院、宋代的"长生库"、元代的"解典库"等金融机构，资贷财物，供人民周转之需。以及历代所从事的油坊、磨坊、碾米坊、当铺、旅店、制砚、制墨、纺织、印刷、药局、义塾、书院、养老、济贫、赈饥、慈幼、医疗、漏泽园（公墓）、义冢、浴室、道路桥梁维修等等，都是繁荣经济、便民利国的福利事业。

经济是民生命脉之所系，佛教的经济来源，在过去印度佛陀时代提倡供养制度，传到中国以后，历代禅门提倡农林生产，到了近代太虚大师又再提倡工禅合一，现在则有基金制度；未来，以原始佛教的供养制度，结合农禅、工禅生产而发展出适合现代的经济制度，例如：果菜园林、房租田佃、生产事业、佛书出版、书画流通、佛像法物、法会油香、经忏佛事、餐饮素食、推广社教、弘法赞助、参观门票、慈善服务、安单静养、互助标会、护法委员等，则为时代发展的必然趋势。

总之，佛教对钱财的看法是"非善非恶"，佛教并不完全否定钱财，黄金是毒蛇，黄金也是弘法修道的资粮，是一切佛化事业的基础。佛学院、禅堂、念佛堂、学校、医院、电台、杂志社等，都需要金钱才能推动。所以，金钱并不完全是毒蛇，佛经所谓"净财"、"善财"、"圣财"，只要能善用金钱来弘法利生，其功德比装穷学道更大，更有意义，更有智慧。是以佛教应该重新估定经济的价值，只要是合于正业、正命的净财，应是多多益善；只要能对国家民生、对社会大众、对经济利益、对幸福快乐生活有所增益的事业，佛教徒都应该去做。因为有钱并不可耻，贫穷才会招来罪恶。

未来，希望佛光会员都能发心从事佛教的新事业来增广净财，借此建设庄严堂皇的人间净土，这才符合人间佛教的思想。

四、用大愿力行佛所行

我们做任何事情，一定要先订定目标，有了目标才有努力的方向，有了方向，做事才能着力。订定目标就是"立志"，在佛教称为"发心立愿"。

在社会上，一个人将来的事业成就有多大，就看他童年的志愿如何？在佛教里，一个修行者的功行有多深，也看他的愿力大小。根据佛经所载，所有佛菩萨都是靠愿力而成就，没有一位佛菩萨不是由发愿所成。如《无量寿经》卷上记载阿弥陀佛四十八大愿、《悲华经》卷七所说释迦牟尼佛五百大愿、《弥勒菩萨所问本愿经》所载弥勒奉行十善愿、《药师如来本愿功德经》中药师如来为灭除众生病苦而发十二大愿等。乃至文殊菩萨十八大愿、普贤菩萨十大愿、观音菩萨十大愿、地藏菩萨发愿"地狱不空、誓不成佛"等，都是诸佛菩萨的伟大行愿。

此外，古来多少高僧大德为"正法能久住，众生得离苦"而发下弘愿。譬如：玄奘大师"宁向西天一步死，不回东土一步生"，终于完成西域取经的大愿；鉴真大师"为大事也，何惜生命！"终于将佛法弘传于日本。乃至近代慈航法师的"我今发心，不为自求，人天福报，声闻缘觉，乃至权乘，诸位菩萨，唯依最上乘，发菩提心，愿与法界众生，一时同得阿耨多罗三藐三菩提"，都是后世佛子学习的典范。

发心立愿是学佛的根本，发心立愿可以坚定信心与毅力，可以增长菩提心、提升信仰，使我们的道德、人格臻于至善。因此我们每日要不断发愿，把发愿当成是一种修行的功课。例如：我愿意孝顺父母，和睦邻里；我愿意奉献自己，造福社会；我愿意牺牲小我，成就大众；我愿意促进世界和平，人民安乐。乃至我愿意当一座桥，让大众通行；我愿意是一棵大树，供人乘凉；我愿意是一滴小水滴，滋润众生；我愿意当大地，乘载一切众生；我愿意如日月，给人光明；我愿意如和风，吹拂人心开意解。甚至我愿意从善如流，我愿意与人为善，我愿意如花朵般给人欢喜，我愿意如山水般给人欣赏，我愿意如甘泉般解人饥渴……

立愿如同时钟上紧了发条，汽车加足了汽油，能产生前进的动力；又如船只装了罗盘，学生订了功课表，有了前进的目标。学佛首重发心立愿，《劝发菩提心文》说："入道要门，发心为首；修行急务，立愿居先。愿立则众生可度，心发则佛道堪成。"《大智度论》卷七说："作福无愿，无所标立；愿为导御，能有所成。譬如销金，随师而作，金无定也。"庄严佛国事大，独行功德难以成就，须借愿力方能达成。如牛力虽能挽车，亦须御者方有所至。"

此外，《大集经》说："发愿能摧伏烦恼魔军。"《发菩提心经论·誓愿品》说："菩萨发心，先建至诚，立决定誓，立誓之人，终不放逸、懈怠、缓慢。"由此可见，入道之由，莫不行愿，因为"果"虽然是由"行"所招感，但是如果没有"愿"力，即使是行，也无法到达所期望的目的，所以发心立愿是成就一切事业的重要助缘与动力。

一般学佛的人，经常劝人要发心、要立愿。其实，发心立愿不是佛教徒的专利，社会上任何一个人都应该发心立愿。发心，才能把事情做好；立愿，做事才有目标。发心立愿就像开采能源一样，心里的能源是每个人取之不尽，用之不竭的最大财富。《劝发菩提心文》说："金刚非坚，愿力最坚；虚空非大，心王最大。"一个人的心量有多大，成就便有多大；愿力有多坚，力量就有多强。心发则佛道堪成，所以，学佛一定要发心立愿，发心立愿才会有成就。

发愿也如读书，要不断升级，刚开始只发小小的愿不妨，但渐渐的要发大愿，要让愿力不断升华。例如，我发愿在这一生中，能诵多少经，能念多少佛，能为众生做多少善事，能传播佛法度多少众生；我发愿，一生做道场的护法，做众生的马牛，做家庭的保姆，做社会的明灯。能够发愿"行佛"，确实"行佛所行"，更是了不起。

谈到"行佛"，曹仲植先生是台湾"生命线"的创始人，他的夫人是个虔诚的佛教徒。四十年前，她在"普门精舍"

皈依佛教，对我所提倡的人间佛教思想极为推崇，所以她时常鼓励曹居士亲近佛教，听经闻法。向来没有信仰的曹居士原本十分为难，但由于深爱太太，也就勉强陪她出入佛教寺院。

有一次法会结束，曹夫人拉着先生的手，走到我面前，说道："师父！请您度我的先生信仰佛教，教他拜佛。"

只见曹居士一脸尴尬的表情，我连忙打圆场道："曹先生不必拜佛，行佛就好了。"

曹居士一听，高兴极了，此后逢人便说："星云大师讲的，我不必拜佛，我是行佛的。"

此后，曹居士从事社会慈善公益活动，不遗余力，例如他创办台湾"生命线"，援助无依无助的人走向光明之路；成立曹氏基金会奖助清寒学生，捐助残障人士轮椅数十万部；每年灾害，捐助千百万元赈灾。此外，对于佛光山、美国西来寺、法国巴黎道场的建寺工作及国际佛光会的弘法活动，他也发心资助；在印度、锡兰等佛教圣地，他设中、英、梵文铜牌，介绍佛教史迹。

当别人赞美他善名远播时，他总是说："念经不如听经，听经不如讲经，讲经不如实践。我只是'行佛'而已。"

"行佛"就是依照佛陀的教法去实践奉行。平时我们称呼学佛的人为"行者"，就是要去"修行"佛法，要如佛陀所说、所行去做，所以真正的修行人，是要"行佛"，而不只是"学佛"而已。

在佛教的经典里，每部经都是以"如是我闻"为开头，最后则以"信受奉行"作为结束；能够信受奉行佛法，就是行佛。所以佛弟子应以"行佛"为修持的标准，例如：

1. 慈悲喜舍是行佛
2. 救苦救难是行佛
3. 奉献服务是行佛
4. 义行仁道是行佛
5. 端正身心是行佛
6. 生活密行是行佛
7. 尊重包容是行佛
8. 与人为善是行佛
9. 惭愧感恩是行佛
10. 吃亏委屈是行佛
11. 忍耐接受是行佛
12. 四不坏信是行佛
13. 与时俱进是行佛
14. 胸怀法界是行佛
15. 同体共生是行佛
16. 佛化人间是行佛

经云："心、佛、众生三无差别。"佛陀是已经证悟成佛的众生，众生是未修证的佛陀；佛陀是"所作已办，不受后有"，众生是"所作未办，流转生死"。因此，如果我们能"行佛所行""学佛所学"，则必定可以离苦得乐，解脱自在。

修学佛法，需要"解行并重"，不重慧解，盲修瞎练容易走火入魔；但是光在慧解上着力，在修持上没有实证的功夫，所谓慧解也只是知识，和研究哲学差不多，不能获得宗教里的真正利益。学佛的人，必须"解行并重"，解是信佛、行就是行佛。有了慧解，才能自觉；透过行佛，才能觉他。我们既然信佛，又再发心修持，就要在生活里每日受用佛法。例如嘴边常挂着赞美别人的言词，就是奉行佛法言语布施；常体会出人我之间的因缘关系，就会悟出众生原是一体不可分的；勤劳服务，看起来是为别人，其实是为自己的；感恩恭敬，看起来是对人的，其实是自己受益的。

中国自明清以来，佛教大德们都非常理解佛法，谈玄说妙，差不多都能把佛法说得头头是道。遗憾的是大都没有实证的功夫。一个对于宗教没有实际体验的人，其言行难免不会走样。比方说，念佛，你曾有过一心不乱的境界吗？参禅，你曾有过心境合一的时际吗？礼拜，你感到庄严的人格升华吗？诵经，你对佛法有大信心，生大尊敬吗？除了这些形式的修持外，你对横逆境界有大忍耐，能不生退心吗？你对芸芸众生能慈悲喜舍，毫不悭吝吗？在五欲之前，能去除贪念；在气愤之时，能去除嗔心吗？可以说多少会讲佛法的人，自己就是不能实践佛法。所谓"说到一丈，不如行到一尺"，由此愈发凸显"自觉"与"行佛"的重要。

自觉是自我开发，觉他是行佛之行；能够"自觉"与"行佛"，必然"心中有佛"，而时时与佛同在。如果一个人"心中有佛"，眼里看到的必定都是佛的世界，耳朵听到的必定都是佛的音声，鼻中嗅到的必定都是佛的气息，口里所说的必定都是佛的语言，身体所做的必定都是佛的事情；如果人人如此，这就是一个佛的世界，家庭怎能不幸福安乐呢？治安怎能不安全良好呢？国家怎能不富强康乐呢？

　　所以，让我们每一个人从今天开始，都自我期许"我是佛"吧！

化 世 与 益 人

一个人如果没有自觉

即使给你再好的东西

教你再多的道理

都没有用

唯有自觉

才能不断进步

自我健全

化世益人

地点：中国台湾佛光山

时间：2006 年 10 月 4 日—8 日

副总会长、各位长者、各位理事、各位协会督导、会长、各位贵宾、各位佛光人，大家好！

今年是国际佛光会创会第十五年，也是佛光山开山届满四十周年，在这别具意义的时刻里，很高兴看到这么多来自全球的佛光人，大家不远千里回到总本山，共同在这里召开二〇〇六年国际佛光会世界会员代表大会，心中无比欣慰。

回顾过去十五年来，所有佛光会员分布在世界各地化世益人，大家不辞辛苦的弘法传教、成立分会、举办各类活动，乃至护持佛光道场所推动的各项弘法事业等，不但在生活中参与奉献，增加很多宗教体验，同时也为自己与社会写下无数的历史，尤其见证了佛光会的成长以及"佛教全球化"发展的成就，因此今天在这里首先要对大家表示由衷的赞叹，同时借由这次的因缘，提出"化世与益人"，作为今年大会的主题，也是表示对各位佛光会员的一份期许与希望。

谈到"化世"与"益人"，我想到自己这一生，从十二岁出家以来，心中始终只有一个念头，那就是"为了佛教"。

"为了佛教"，虽然自己从小就在丛林里过着清苦淡泊的岁月，但是我一点也不觉得辛苦或委屈，因为"为了佛教"。为了佛教，我出家；为了佛教，眼看着同道中有人热衷于供养优渥的经忏事业，但是我一点也不心动，因为"为了佛教"我立愿将来一定要从事弘法利生的工作。甚至为了佛教，尽管年轻时就不断有一些来自教内教外的诱惑，例如有人想要请我担任当家、住持，有人希望我从事有名位、有权利的职务，但是我都断然拒绝，因为我有另外的想法，那就是"为了佛教"。

什么是"为了佛教"？其实在当时我只知道为了佛教我要读书，为了佛教我要参学，为了佛教我要勤劳，为了佛教我要发心，为了佛教我要结缘，为了佛教我要兴办各种佛教事业。所以后来创办第一所佛教学院时，平常不敢经忏的我，不但主动到太平间为人诵经，甚至通宵念佛，目的就是希望多增加一些办学的经费，那时我心里很清楚知道，这才是"为了佛教"。乃至后来为了建设佛光道场，为了推动佛教的文教、慈善等各项弘法事业，虽然种种辛苦，但是"为了佛教"我从来不曾心生退却，甚至在虚度八十年岁月后，至今仍然云水行脚于全世界，到处讲经说法、随缘度众，这一切无非都是"为了佛教"。

为了佛教，我把自己的一生奉献给"化世"与"益人"，因为这才是真正的"为了佛教"。所以，今天我仅针对"化世与益人"这个主题，提出：一、以自觉健全来化世益人；二、以发心动力来化世益人；三、以随众参与来化世益人；四、以菩提愿力来化世益人等四点意见，提供给佛光会员共同勉励，希望大家未来都能朝此"化世益人"的方向努力。

一、以自觉健全来化世益人

佛教是个重视"觉悟"的宗教，不只佛陀本身因为"自觉"、"觉他"、"觉行圆满"而成就佛道，就是佛陀所说的教法，无非也是为了引导有情悟入佛的知见，让众生"觉佛所觉、悟佛所悟"而能与佛平等，所以学佛主要的目的就是要开智慧，求觉悟。

所谓"觉悟"，"觉"就是证悟涅槃妙理的智慧，"悟"就是生起真智，反转迷梦，觉悟真理实相。学佛虽然是要向佛陀学习，但是"觉悟"必须要靠自己，不能依赖别人；凡事靠别人帮助终究有限，尤其开悟证果、修行成道，一定要靠自己自觉。例如，自觉人生忧悲苦恼，自觉生死无常，自觉人情多变，自觉世间国土危脆，难以安身立命；有了自觉，才会努力想方法去克服这许多的烦恼妄想，才会发心健全自己，才能获得自在安乐；如果自己不懂得自觉自悟，即使佛陀慈悲，也不能帮助我们自觉觉他，不能帮助我们开悟成佛。

谈到"成佛"，所谓"佛"者，如《佛地论》说："于一切法、一切种相，能自开觉，亦开觉一切有情，如睡醒觉，如莲花开，故名佛也。"佛陀虽然是觉悟宇宙真理的觉者，也是彻知宇宙真相的智者，但其实"佛是已觉悟的众生，众生是未觉悟的佛"，佛是人成，所以人人都有成佛的性能，每一个人的清净自性本来就与佛无异，只是因为被无明烦恼所覆而不能显发，就如明镜蒙尘，又如明月为乌云所遮蔽，因此《法华经》说"怀珠作丐"、"藏宝受贫"，这是众生最大的遗憾。

吾人发心学佛，最主要的目的就在于去除烦恼、开显佛性。人的根本烦恼就是贪嗔痴，因此要"勤修戒定慧，息灭贪嗔痴"，只要三毒息灭，三慧明朗，就能破除无始以来的无明，这就是"自觉"，也就是禅宗所说的"开悟"或"见性"。

在中国的禅门一直很着重"自觉"，凡事要靠自己去参，不能说破。当初佛陀在灵山会上"拈华示众"，迦叶尊者灵犀相应，破颜而笑，于是佛陀把"正法眼藏，涅槃妙心，实相无相，微妙法门，不立文字，教外别传，付嘱摩诃迦叶。"禅因此就在"拈华微笑"、师徒心意相契的刹那之间流传下来，这就是"自觉"。

"自觉"就是一种自我教育，佛经讲，"自依止、法依止、莫异依止"，这就是自我教育。人要靠自我教育才能成功，因为自己的缺陷、自己的无知、自己需要教育的地方，只有自己最清楚，因此要做自己的老师，自己教育自己。也就是说，人要懂得自我要求、自我学习、自我充实、自我反省；凡事能够反求诸己，不断自问、自觉、自发、自悟，透过自我的观照才能找到自己，否则如《遗教经》说："我如善导，导人善路，汝若不行，咎不在导；我如良医，应病与药，汝若不服，过不在医。"自己不觉，不但佛陀帮不了我们的忙，即使佛教的出版品多如汗牛充栋，佛教的大藏经再怎么精辟地阐述般若真理，都不能帮助我们觉悟，一定要自我阅读、深入经藏，透过闻思修才能自觉自悟。

《圆觉经》说："譬如销金，金非销故有；虽复本来金，终以销成就；一成真金体，不复重为矿。"学佛就如开采金矿一般，虽然佛性人人本具，但若不经过修行，则如金矿未经开采，终不能得。所以，关于如何自觉健全？下列的问题可供大家自我审查：

（一）我对皈依三宝的信心具足吗？

（二）我对受持五戒的观念清楚吗？

（三）我对因缘果报的见解正确吗？

（四）我对自己的服务助人真心吗？

（五）我对护持正法的方式正确吗？

（六）我对参与活动的心地清净吗？

（七）我对佛法的进修日有进步吗？

（八）我对佛法道理有融入身心吗？

以上八点，如果你都有正面而肯定的答案，就表示你有自觉，证明你对佛法的信心坚固，你在学佛的道路上也会自我健全，甚至还懂得发四无量心、行六度波罗蜜，乃至发奋加行，饶益有情，广度众生；否则光阴虚度，徒有学佛之名，没有得到学佛的实益，实在可惜。故此首先提出"自觉健全"的呼吁，因为一个人如果没有自觉，即使给你再好的东西、教你再多的道理都没有用，唯有自己自觉才能不断进步，唯有自己自觉才能自我健全，唯有自己自觉才能化世益人。

二、以发心动力来化世益人

佛教的百千法门中，"发心"最为重要，如《劝发菩提心文》说："入道要门，发心为首；心发，则佛道堪成。"发心就是开发我们的心地，就是建设自我。佛教将"心"比喻为"田"、为"地"；田地不开发，就无法播种；心地不开发，也无法长养菩提。所以在佛门的修持里，发心第一，例如发"四无量心"、发"四弘誓愿"等，发心才有动力去实践"四摄法"、"四加行"，才能自度度人。

讲到"发心"，十五年来的佛光人，大家在国际佛光会这个教团里，有的人发心当会长、干部、檀讲师，乃至荣任督导、长者，有的人发心参与读书会、订阅佛书、参与印经、推广福报、劝募会员、捐献净财、参与救灾、护持道场、带领朝山、参加法会，或是推动腊八粥运动、云水布教、托钵兴学等，甚至有的人到学校、监狱去做公民教育、心灵谘商、佛法开示等，你们以自己的行动，表达今日二十一世纪的佛教徒全部都动员起来了，大家都懂得要走出自我、走出家庭，进而走入社会来与大众结缘、联谊。就拿十五年来，国际佛光会召开的世界会员大会、理监事会议、青年会议、金刚会议、妇女会议、童军会议等，大家就不只十几次地东西方相互往来、洲际之间彼此互动。这样的情谊交流，带动了佛法的传扬，促进了人际的和谐，这都是由于各位的发心所产生的动力而成就。

发心就是开发心田，学佛首先要学会发心，心的田地如果不开发，纵使外缘具足，福德具足，也不能长出菩提之苗。就像一粒种子，如果没有好的田地，它就不能结出好的花果，所以我们要开发心中的财富，开发心地的能源，必须从"发心"开始。

世间上，发心有多大，成就便有多大，发心的力量不可思议。过去儒家的学者一直叫人要立志，佛教的行者则要人发愿；立志、发愿，就是发心，心一发，则志可立，心一发，则愿可成。

发心的力量真是微妙，例如：你发心吃饭，饭菜不但可以吃饱，而且味道更加美妙；你发心睡觉，觉会睡得更加甜蜜、更加安然。只要一发心，所做的事情，品质就都不一样了，正是所谓"平常一样窗前月，才有梅花便不同"。只可惜世间上的人大多心外求法，不知道自家里有无限的宝藏，所以一般人只懂得要把荒地、山坡地，开发成为农地、建地，却不知道我们的心里有无限的宝藏、无限的能源。因此，聪明的人应该反求诸己，应该由外向内来开发我们自己心里的能源和宝藏。

发心是一本万利的投资，在佛教里都鼓励人要发慈悲心，要发菩提心，要发增上心。我们究竟要有什么样的发心呢？兹提供几点方向如下：

（一）我们要有"惭愧自己所学有限"的发心：比方说：很多的文学典故我不懂，很多的科技常识我不知道，很多的哲学理论我不明白，甚至于做人处事的道理我都不健全，因而感到惭愧。因为惭愧自己的才疏学浅，才会激励自己发心学习，所以要广学多闻，要博览一切常识，不会驾驶的就去学开车，不会电脑的就去学习电脑资讯管理，不会记账的就去学习会计账目，不会音乐唱歌的就去学习各种乐器等。

（二）我们要有"惭愧自己能力不足"的发心：譬如：我做事不周全，我教书不能尽职，我领导人不尽圆满；因为惭愧自己的无能，因此要发心增强自己的能力，以便更能担当，更能负责。

（三）我们要有"惭愧自己心地不净"的发心：例如：心里常常充满贪嗔烦恼，常常有侵犯别人的意念，常常心怀阴谋诡计；因为惭愧自己心地不清净，因此要发心来改善自己、净化自己。

（四）我们要有"惭愧自己善念薄弱"的发心：譬如：自己不能常常心存善念，不能尽心尽力广做善事，所以今后要发心多做一点善事，多布施一些善财，多带给别人一些欢喜。

此外，我们尤其要开发如海、如空、如地、如性的真心：

（一）开发如海的真心：大海不但是鱼虾的宫殿，大海也蕴藏了无限的宝藏，现代人要开采石油能源，不都是往大海里探勘吗？大海的资源，往往可以成为国家的财富，所以各个国家都要保护海域，就是保护国家的资源。我们的真心也像大海一样，蕴藏着慈悲、菩提等丰富的宝藏，所以要开发它。

（二）开发如空的真心：我们的心可以用"虚空"来比喻，所谓"心如虚空，量周沙界"，虚空里有日月星辰，虚空里有雷电雨露，虚空里容纳宇宙万有，所以现代各个国家都想探索太空，希望能在太空里找到宝藏。我们的心也如虚空，充满了欢喜、满足等无穷的宝藏，我们要经过开发，才能找到宝藏。

（三）**开发如地的真心**：大地是我们的母亲，大地孕育了我们的生命，人类不但靠天吃饭、靠海过活，而且靠地维生。大地能成长万物，地底更蕴藏着金银铜铁等各种宝矿。我们的心也如大地，埋藏着佛性、真如等无限的宝藏，懂得开发心地，才能让宝藏出土。

（四）**开发如性的真心**：每个人都有一颗自性真心，当我们开发了如海的真心、如空的真心、如地的真心以后，如果能再开发自己的性天，把本性的天地加以开发，就能发掘自己的真如自性，就能见到自己的本来面目，就能找到自己的家乡，就能寻回自己的所有了。

总之，凡能帮助我们完成"自利利他，自觉觉他"之学佛最高目标的愿心，诸如感恩心、惭愧心、向道心、功德心、深信心、尊敬心、广大心、忍耐心等，都是学佛者不可一刻或忘的发心。

发心，就是立志，就是发愿；发心是动力，无论什么机器都要讲究它的动力有多少。我们每一个人也要自问自己的能量、动力有多大？能量、动力来自于发心，你所发的心愿有多大，动力就有多大，所以关于如何"化世益人"的第二点，我希望未来全体佛光会员都能以"发心动力"来化世益人。

三、以随众参与来化世益人

世间万法，都靠因缘和合才能成就，所谓"缘聚则成，缘灭则散"，缺少因缘，不但诸事难成；离开因缘，个人也无法生存，所以人不能离开大众。大众就是我们的因缘，大众就是帮助我们生存的条件，故而佛教讲究"缘起"，讲究"集体创作"，讲究"众缘所成"。

佛教把人称为"众生"，意即"众缘和合而生"。世间上没有个人单独存在的时空，要存在，一定要靠大众相互依存；有了大众的因缘成就，个人才能存活。因此，我们要把这些因缘聚集起来，再分享、利益给大众，千万不要做离群的自了汉，因为"佛果在众生身上求"，离开大众，固然生命无法生存，失去大众，也无佛道可成。

众，实在是一个非常美好的意思，像"众生平等"、"以众为我"、"大众第一"、"众志成城"、"众望所归"、"众擎易举"、"众星拱月"等，乃至佛经所说，任何一个法会，任何一个事业，都需要"众成就"，因此和合随顺众生才能成事，这是不容置疑的真理！

谈到"众"的重要，在自然界里，树木都要丛生成林，花草也讲究簇生聚集，动物也都是"物以类聚"。人也不例外，我们每个人来到这个世间，都是双手空空而来，虽然在世间建设了家庭，有了眷属、家人、财产、事业，最后还是得空空而去，因此人生最好就是拥有佛法、拥有功德、拥有福田、拥有大众、拥有未来，这些才是永恒持续的资产，才是生命的最高价值。

尤其，世间上最宝贵者，并非黄金白玉，也不是汽车洋房；最可贵的是"缘分"。人与人要有缘份才能和好；人与事要有缘份才能成功；人与社会，乃至事事物物、你、我、他等等，都要有缘份才能圆满功德。因此，在人世间有许多的好事值得我们去做，例如布施、守法、奉献、服务等；在众多的善法之中，没有一样比"给人一些因缘"更为重要。

"缘"不是佛教的专有名词，缘是宇宙人生的真理，缘是属于每一个人的。人的一生都是在"缘"中轮转，例如机会就是机"缘"；世间凡事要靠众"缘"和合才能成功，建房子少个一砖一瓦，都不算完成。在人生的旅途上，有的人碰到困难就会有贵人适时相助，这都是因为曾经结缘的缘故，所以今日结缘就是为来日的患难与共做准备，"结缘"实在是人世间最有保障的投资。

人既然是依靠因缘而生存在这个世界上，因此今后佛光人应该随众参与各种活动，多多广结善缘，因缘愈多，成就愈大；尤其我们要创办各种佛光事业，有了事业才能利益大众。过去一般人以为佛教的事业，无非就是诵经祈福，丧葬超度；或是深入山林，农耕自足，过着离欲清净的生活。事实上，千百年来佛教一直为人间提供各种医疗救济、社会公益、教育文化等事业，不遗余力的造福社会，利济群生。

例如：北魏的僧祇粟与僧祇户，帮助政府解决人民的饥馑；南北朝的寺库、唐代三阶教的无尽藏院，以及历代所从事的油坊、当铺、旅店、茶馆、食堂、碾硙业等，都是繁荣经济、便民利国的福利事业。尤其隋唐佛教之所以兴盛蓬勃，寺院发展佛教事业来利济苍生，可以说是主要的原因之一。其中磨坊、碾厂、仓库促进民生的发展，宿坊、车坊便利商旅的往来，义学、私塾、藏经阁、译经院提升社会的文教，僧祇粟、寺库稳定国家的金融，病坊、当铺照顾贫者的需要。

其实更扩大开来看，历代的寺院无不兴办许多利济群生的事业，包括植树造林、垦荒辟田、凿井开渠、兴建水利、维护泉源、筑桥铺路、兴建公厕、建立凉亭、利济行旅、经营碾磨、设置浴室、赈饥济贫、施医给药、养老育幼、急难救助，乃至开办义冢、义学等。也可以说，佛教自从传入中国之后，一直随着时代的发展，从农业生产到工业参与，从旅游服务到临终关怀，从当铺油坊到仓库碾硙，从慈善工作到文教事业，不但带动经济的蓬勃发展，更是提升了社会的人文素养。

一直到了现在，我们以实践"人间佛教"为目标的佛光会员，更要有计划地兴办各种佛教事业来化世益人，福利社会。例如可以设立佛教文物流通处，让佛教徒及社会人士方便获得各类佛书、法物、佛教录音带、录像带等，以带动佛教文物流通，使佛教文化得以弘扬。或者在各地成立佛光缘美术馆、滴水书坊、语言翻译中心、医疗护理中心，乃至成立读书会、推动人间音缘、提倡心灵环保、重视生态保育等，透过语文、讲说、音乐、艺术、护生、救济、医疗等，都可以提供广大群众接触佛教的因缘，借此利乐十方众生。

甚至佛光人为了发展慧学，将来你们也可以进入佛光山创办的各级学校教书，或是加入佛学研究中心来深入经藏，专心研究、推动人间佛教的思想、经论，或是到佛光山的禅堂、净业林，体验禅净双修，落实解行并重，乃至加入佛光教团，支薪工作等。

以下兹就适合佛教徒从事的事业，列举数十种，提供佛光会员发展事业之参考：

●**文化事业**：报社、电台、电视台、书局、唱片行、佛教文物流通处、美术馆、文化广场、出版社、印刷厂、翻译社、剧场、音乐厅、会议中心等。

●**教育事业**：各级学校、幼儿园、补习班、外籍新娘识字班、长青学院、才艺中心、信徒大学、社区大学等。

●**社会福利**：医院、复健中心、洗肾中心、疗养院、安养院、老人俱乐部、托儿所、育幼院、儿童之家等。

●**服务业**：旅行社、葬仪社、花店、托运公司、顾问公司、律师事务所、保险公司、职业介绍所、技能训练班等。

●**工商类**：超级市场、佛教百货公司、大饭店、素食馆、物流中心、室内设计公司、园艺设计公司、电力公司、自来水厂、农场、工厂等。

以上所举之外，只要是能化世益人，只要对国家民生、对社会大众、对经济利益、对幸福快乐生活有所增益的事业，佛光会员都可以视自己的专长、兴趣和经济能力，实际投入参与。另外，未来佛光会员还应致力于传统与现代的融和，要将古老的东西改良成为现代人可以接受的方式，例如集会的改良、共修的改良、活动多元化的举办等。尤其要鼓励青年团、童军团的发展，以便接引更多的青年人共同参与佛教事业，相信必能更有助于发挥佛教化导俗世、利益大众之功。

四、以菩提愿力来化世益人

佛教讲究智慧，但尤重慈悲；重视慈悲，更重行愿。佛教的诸佛菩萨，都是依靠悲智愿行而成就道业，因此前面提到，学佛首重发心立愿，如《大集经》说："发愿能摧伏烦恼魔军。"《大智度论》也说："作福无愿，无所标立；愿为导御，能有所成。"由此可见，入道之由莫不行愿，因为"果"虽然是由"行"所招感，但是如果没有"愿"力，即使行，也无法到达所期望的目的，所以学佛要发菩提心，立菩提愿。

菩提心就是指自觉觉他，就是"上求佛道、下化众生"的大愿心。过去佛教所以衰微，就是因为佛教徒悲智愿行的力量不够，例如"四弘誓愿"，大众敢唱不敢讲，敢讲不敢做，敢做做不到。所以今日佛教要兴隆，佛教徒必须要有悲智愿行，应该要效法古圣先贤，发大菩提心，例如佛陀在菩提树下金刚座上立愿"若不成佛，誓不起座"，阿弥陀佛发四十八大愿成就极乐净土，药师如来发十二大愿庄严琉璃世界，乃至文殊、普贤、观音、地藏，也是以慈悲行愿作为实践的行门。

此外，玄奘大师西天求法，鉴真大师东渡日本弘法等，他们化世益人的精神都值得我们学习；乃至"四弘誓愿"更是每一位大乘行者所应奉行的功课，所以发心奉行菩萨道的佛光会员，都应该以"菩提愿力"来化世益人，因为"人间佛教"一旦离开了菩提心，那就是世间法，就会远离佛道。

因此，我们要如何发菩提心，如何发大愿才有力量呢？如《楞严经》说："因地不正，果遭迂曲。"发心立愿要合于《大乘起信论》的"大"、"正"、"圆"、"真"，要有"假使热铁轮，于汝顶上旋，终不为此苦，退失菩提心"的发愿，如此才不会偏离正道。

以下兹举数例，提供佛光会员发愿之参考：

（一）我愿做一个正信的佛子，用佛法分享世人。

（二）我愿将正信佛教，传之于世界。

（三）我愿到边远落后的地方，传扬佛法。

（四）我愿到苦难的地方，施与爱心。

（五）我愿将产业交给佛教团体，永续经营；我愿将遗产交与佛教团体，利益群生。

（六）我愿建立正知正见的佛化家庭，重视信仰传承。

（七）我愿奉行一师一道，护持正法。

（八）我愿发心著书、说法、修行、传教。

此外，现代佛教徒应该以现实人生的需要，帮助社会解除苦难为自己的愿行，例如：

1. 成立"电话法语中心"，让求助无门的苦闷者，用电话诉说心事，给予一些佛法的指导和慰问。

2. 成立"救苦救难中心"，让徘徊在人生十字路口的人，及时得到救助，免于误入歧途。

3. 成立"佛法咨询中心"，为社会上一些有疑难的人，给予佛法的心理辅导，助其解决生活、职业、家庭、感情上的问题。

4. 成立"老人俱乐部"，提供一般老人聚会、喝茶、下棋、阅报、念佛等，不但借机联谊，同时可以从佛法里获得身心的安顿。

5. 成立"大同养老之家"，发挥"老吾老以及人之老"的精神，照顾社会上许多独居老人，使其免于孤单无依之苦。

6. 成立"收容之家"，对于一时因故无家可归的贫病孤弱，给予暂时收容，以便重新调整身心，再创前途！

7. 成立"妇女求职中心"，提供乡村妇女到都市求职时，解决其求职前的食宿问题，让他有一个缓冲时间，以免遭到坏人所骗。

8. 成立"病患慰问团"，有组织、有计划地到医院，或到病患家里慰问，为其诵经祝福，赠送佛书，以慰病苦。

9. 参加"送医药到偏远地区"活动，如佛光山云水医院，让健康的人出钱，为穷苦的人看病。

10. 组织"急难扶持会"，对一些遭受重大天灾人祸而流离失守、生活无着的人，及时施以救济，此即一般所谓"救急不救穷"也。

11. 发心将个人薪水所得，拨出十分之一作为布施之用。

12. 每周安排数小时的时间，为信仰或慈善而加入义工服务。

其实发心立愿并不是佛教徒的专利，社会上任何一个人都应该发心立愿，发心，才能把事情做好，立愿，做事才有目标。尤其今日社会乱象纷陈，很多人在为世风日下、道德沦丧而感到忧心不安之际，如果人人都能发心立愿，例如：身为警察的，发愿克尽职守，除暴安良，打击犯罪，消除社会的歪风邪道；身为家庭主妇的，发愿孝顺公婆，教育儿女，体贴丈夫，确保家庭的伦理道德、和谐美满；身为学生的，发愿用功读书，孝顺父母，尊敬师长，和睦朋友，做个品学兼优的好学生。甚至举国上下，如果人人都能发愿，愿于每日把欢喜布施给别人，把快乐分享给大众，相信必能使社会充满祥和之气。

总之，发愿就像开采能源一样，心里的能源是每个人取之不尽，用之不竭的最大财富。唯有人人经常立志发愿，才能为自己留下历史，为家庭留下贡献，为社会留下慈悲，为世界留下光明！

因此，希望未来所有佛光人等，不分男女老幼，人人都能拥有悲智愿行，都能以菩提愿力来化世益人，则佛教普及社会，深入人心，自是指日可待。

国际佛光会的成立，不但有助于提升信众信仰的层次，同时也是佛教史上革命性的创举。十五年来，在佛光会员们共同推动"人间佛教"的努力下，已逐渐实现佛教的生活化、现代化、本土化、国际化。未来更期许每个会员，都能本着佛教慈悲、智慧的特质，人人自觉健全，同时以发心为动力，随众参与、护持佛教的弘法事业，更以菩提愿力为后盾，一起为佛法的弘传，为世界的净化，为人类的幸福与安乐而奉献心力。

菩萨与义工

菩萨是众生的义工
义工是人间的菩萨
义工，它是一种生命的奉献
是一种力量、时间和心意的布施
是"知行合一"的菩萨行者

地点：中国台湾佛光山
时间：2008年10月4日—8日

副总会长、各位长者、各位理事、各位协会督导、会长、各位贵宾、各位佛光人，大家好！

国际佛光会是一个世界性的社团，平时大家分散在五大洲推展会务，今天借着创会十七年来第十二次召开世界会员代表大会的因缘，齐聚在这里参加会议，首先对各位平时在各地服务奉献的发心，说声：大家辛苦了！

身处二十一世纪的今日社会，由于电脑、医学、生化、航空等科技的迅速发展，带动人类文明一日千里。但是比这个更伟大的成就，应该是放眼全球，到处都有很多发心的义工，他们在社会各个角落，默默奉献一己之力，服务人群，造福乡梓，为社会凭添温馨与善美，为人间点燃光明与希望，这种人性光辉的散发，才是最了不起的成就。

说到义工，其实义工的祖师就是佛陀！佛陀成道后，在印度行脚弘化五十年，说法传教，提升人的精神世界，甚至亲为弟子侍奉汤药、穿针引线，做众生的义工。

佛陀为众生服务，他没有拿取分毫的薪水，完全是自动自发，不用人家招呼，而且还带动很多菩萨大德为众生当义工。如佛陀说："我用慈悲智慧的犁，在福慧的田里播撒菩提的种子。"佛陀做众生的义工，让每一位众生都有机会在福田里收成；也由于佛陀与菩萨大德们常住世间，精进不懈地做诸佛事，乐当众生的义工，黑暗的世界因此有了光明。

现在随着时代进步，人类的心灵文明也跟着提升，社会上有许多人主动投身当义工，并已蔚成一股风气。"义工"的工作和一般工作性质不一样，一般的工作是念念在钱，是为了获得酬劳而付出；义工的工作则是念念在欢喜快乐和结缘，两者的发心是不同的。

甚至社会上流行"义工"与"志工"之说，二者虽只一字之差，意义却是相距甚远！义工是发心的，是有情有义的，是以仁义的胸怀为人服务；志工则是依自己的喜欢，但事情本身好不好却不一定。因为"志"之一字，有善有恶，伟大的人物固然立志；江洋大盗，危害社会的败类，也不能说他们无志。例如汪精卫先生说："做人不能流芳百世，亦当遗臭万年。"可见立志可以流芳百世，也可能遗臭万年！

"义"和"志"之不同，正如佛经所说，般若智慧和聪明知识之不同。因为知识有善有恶，聪明也会被聪明误，如世间的科学，即为知识，有利有弊；而般若智慧纯粹是善良的，是让人圆满、升华，是纯善、纯净而无染污的。因此，有"志"于什么事，未必都是好事、善事；而心怀仁"义"为人服务，必定是好事、善举。做人做事如果没有"义"，人生的价值何在！因此"志工"虽好，不如称"义工"来得正统而有意义。

近来社会上有很多人在孤儿院、养老院、医院里当义工，虽然他们奉献时间，提供衣食、物质等方面的照顾，也可以说是很了不起的布施。但是最好的义工，要如佛教比丘乞食时的"四不"——不分贫富、不拣精粗、不计净秽、不生增减；本着这四种正念，以平等心来为众生服务，解除众生的苦难，才是最有智慧的义工。

　　然而现在有一些人对于当义工，存在着一些不正确的想法，因而障碍了自己许多的善因好缘。就拿佛教来说，有的人到寺院道场发心工作，到了吃饭时间不敢留下来用斋，认为占佛门便宜，有损自己的福报。其实佛教讲"施者受者，等无差别"，甚至在佛门里，"打斋"的人反而要向受斋的人"拜斋"，因为施者也要感谢"受者"让他有福田可以播种，所以只要有一分发心，就能堪受一份信施。

　　另外，也有的人认为"不可以到佛教中工作，因为在佛门工作，拿了寺院的钱就没有功德"。为了这一句话，造成多少人不能为佛教奉献。其实就算是菩萨，也要接受人们供养；即使牛马拉车奔驰，也要供给水草。因此，在佛门里领一份专职的工作，即使接受薪资，也算是义工。只要自己不计较待遇多少，不是为了金钱才来做事，而是为了发心服务大众，仍然是功不唐捐。

　　再者，常听到一些事业有成的信徒对我说："等将来退休以后，再到佛门当义工，为大众服务。"其实，一个人如果真的有心服务大众，不必等到退休，当下就能自我期许，作个不"退"转菩萨、不"休"息菩萨。所谓"人身难得，胜缘难再"，能把握当下每一分每一秒，在世间广结善缘，人生岂不是更有意义？所以做"义工"不必寄望于未来，此时此刻就可以实践"菩萨道"的义工精神，就能以四摄六度来利乐有情。

　　长期以来，国际佛光会的会员大众们，大家都是以出世的思想在做入世的事业，都能本着"无缘大慈，同体大悲"的精神，无我无私的关心他人、关心社会、关心地球，甚至发愿弘扬佛法，要把世间红尘建设成为人间净土，堪称是"义工中的义工"。因为真正的义工，就是要效法菩萨们的精神，要以慈悲心普施饶益，要以平等心利乐有情，所以生活在娑婆世间的苦难众生，不但需要菩萨，更需要实践菩萨道的义工。

有感于此，今年的主题演说兹就"菩萨与义工"，发表几点看法如下：

一、菩萨是众生的义工，义工是人间的菩萨

经云："欲为佛门龙象，先作众生马牛。"此即菩萨慈心悲愿的表现。因此，所谓菩萨者，只要肯发心利益大众，只要觉悟到生命苦空无常而发起"上求佛道，下化众生"的菩提心，不论出家在家，不分地位高低，都有资格称为菩萨。相对的，只要是发了菩提心，愿意奉行菩萨道的人，他必定肯发心为人服务，必然愿意做众生的义工。

佛教里的四大菩萨，他们都是众生的义工：观音菩萨寻声救苦，给人无畏，是芸芸众生中最有大悲心的义工；文殊菩萨以智慧启发众生的心灵，是最有大智慧的义工；地藏菩萨发愿"地狱不空，誓不成佛"、"众生度尽，方证菩提"，是最有大愿力的义工；普贤菩萨以十大愿做为众生实践的法门，

是最有大苦行的义工。

此外，佛教史上博通论藏的诸大论师，他们为了续佛慧命，穷尽一生，致力于弘法教化。如龙树菩萨著疏造论，阐扬大乘；提婆菩萨破斥邪说，显扬正法；无着菩萨度化胞弟，回小向大；世亲菩萨以笔代剑，折服外道；马鸣菩萨借助诗歌，宣说真理。他们"有教无我"的做了众生得度的义工，也为人间带来光明，为世界去除黑暗。

佛陀的弟子当中，如舍利弗、目犍连、富楼那等，他们各以"智慧、神通、说法"，帮助佛陀宣法弘化，做众生的义工。再如阿那律不畏风雨寒暑，往来各地排难解纷，调解僧事；驼骠比丘热心招待行脚参访的云水僧，数十年如一日，后来感得手指自然发光的福报，这就是他当义工的成就。

翻开佛教典籍，可以发现历代的禅宗祖师大德，有很多都是发愿生生世世要为众生服务，例如沩山灵佑禅师发愿来世做众生的老牯牛、赵州禅师往生后愿入地狱救度众生。也有的祖师大德终其一生头陀苦行，无怨无悔。例如雪峰禅师在洞山座下担任饭头、晓聪禅师在云居座下担任灯头、稽山禅师在投子座下担任柴头、义怀禅师在翠峰座下担任净头，乃至天童寺的道元老和尚负责典座，一做六十年，直至耄耋高龄还在大太阳下晒香菇。这种"但愿众生得离苦，不为自己求安乐"的精神，正是义工菩萨的最佳写照。

其实历代以来，佛教僧侣普行善道，对社会公益事业贡献良多，举凡筑桥铺路、植树造林、开凿义井、施设茶亭、护生放生、医疗济贫、急难救助、立寺止宿、设孤儿院、建养老院、置养病坊、布施义田、兴办义学、教化人心等种种的善行不计其数。因为他们坚信，工作的意义在于扩大自我，服务人群，进一步更提升生命的价值。因此，舍义工和劳动之外，还有什么是最好的呢？

除了菩萨、僧侣乐当众生的义工之外，佛教史上当政者为国家做义工的事迹也不少，例如：

印度摩竭陀国孔雀王朝第三世阿育王，为使佛法广益世人，诏令四边城门设置药品仓库，免费施予僧众、百姓医药。每日以一千钱供养塔像，一千钱供养上座比丘，一万钱供养僧众，一万钱添置药品等。并于道路两旁遍植林荫树木，广凿水井，以便往来行人消暑休憩之用。身为一国之主的阿育王，由于甘为全民义工，所以人民能够生活安乐，国威远扬。

日本佛教之父圣德太子，努力推行法王之治，教导人民信仰三宝，其建造的大阪四天王寺，设有悲田院、敬田院、疗病院、施药院等，给予贫困、孤独、病患施以免费诊察、收容、救助。

中国南北朝的梁武帝，因为笃信佛教，不但精研佛法义理，受持菩萨戒，尤其不惜以九五之尊，三进同泰寺，舍身为奴，故有"皇帝菩萨"的美誉。可见只要具有菩萨性格，愿意发心为人服务，就能名为菩萨帝王，乃至菩萨宰相、菩萨医护、菩萨教师，甚至义消、义警都是菩萨的化身。

过去我经常呼吁大家要"人人做警察"，尤其现在社会问题之多，警察人力单薄很辛苦。一个国家、社会要进步，最好人人做警察。警察就好像护法金刚，那也是菩萨的精神。

所以，要行菩萨道，不但要有慈悲心，还要有积极、勇敢的行动。

国际佛光会就是一个行菩萨道、行佛的组织，自从创会以来，我们的会员们除了经常发心到寺院道场服务，诸如行堂典座、接听电话、知宾接待、交通指挥、环境打扫，乃至文书抄写、电脑编辑、海报制作、文宣联络等，同时也代表佛光会深入社会各阶层担任义工。

近年来媒体经常报导佛光会的善行义举，例如：在学校附近护送学童过马路的"爱心妈妈"，不知获得多少父母的感激；在医院里帮忙排队挂号的义工，不知协助过多少老年病患；到偏远地区为人义诊的"友爱服务队"，不知解决多少贫苦人家无钱就医的问题；在万丈红尘中设立的"读书会"，不知带动多少家庭共创书香社会。

其他诸如植树救水源活动、净化人心七诫运动、特殊学生游艺会、废纸回收保护环境活动、到监狱戒毒村帮助受刑人等，都是在各地会员义工的积极推动之下，如火如荼地展开，为民风日益恶化的社会注入一股清流。

尤其佛光会员在为人服务时，所表现的风仪、谈吐、尽职、牺牲、奉献等优良品德、形象，也获得各界的肯定。例如，在洛杉矶有一个联合国组织的聚会，主办单位曾要求洛杉矶协会的会员前去担任交通指挥的义工；在台北也有不少重要机关的聚会，都主动向中华总会要求，希望能推派佛光会的师姐们前去当义工、服务大众。

我认为只要真正有益于大众的事情，无论大小巨细，佛光会都应该当成是"义"不容辞的"工"作，舍我其谁；能够居中做个"穿针引线"的"义工"，把各种好因好缘结合在一起，为开创人间净土而尽一份力量，这也是佛光会员应有的使命。

总说义工，它是一种生命的奉献，是一种力量、时间和心意的布施，所以义工可以说是"知行合一"的菩萨行者。面对苦空无常的人生，一般人在遭逢苦难，或遇到无力解决的问题时，总是很自然的祈求佛菩萨加被。其实，佛门的义工就如千手千眼的菩萨，都是在替佛菩萨做事，所以说"菩萨是众生的义工，义工是人间的菩萨"，实非溢美之言。

二、菩萨倒驾为了度众，义工修行为成菩提

信仰佛教的人都知道，我们所住的世间叫"娑婆世界"，是一个"五浊恶世"的"秽土"，所以人人都希望未来能往生到一个幸福安乐的"净土"，以作为人生最后的归属。

佛教的净土很多，有弥陀净土、弥勒净土、维摩净土、琉璃净土、华严净土、常寂光净土、自性净土等。我们到底要往生哪一个净土呢？一般人认为，弥勒净土无须断尽烦恼，也不一定要修到"一心不乱"，只要至诚称念弥勒佛号就能往生。加之弥勒净土距离娑婆世界最近，可望可即，而且不管出家在家，一样都可以往生，因此不少佛教徒都发愿，希望往生弥勒菩萨的兜率净土。

说起弥勒菩萨，众所熟知的是，当初他与释迦牟尼佛同时修行，而佛陀早已成道，弥勒迄今还在内院修习菩萨道，其实这是由于发心不同所致。因为弥勒菩萨常怀四无量心，特别护念娑婆世界的众生，他发愿在堪忍的秽恶世界建立庄严美好的净土，以加被欲界众生，使不离娑婆而生净土，因此立愿"不断烦恼，不离生死"，借"扶惑润生"来继续修广大菩萨行，目的是为了利益众生。实际上在他的世界里，永远是欢欢喜喜，随缘随众的慈悲喜舍。

所谓"扶惑润生"，是指七地以上的菩萨，虽已断除见思二惑，不再受生于三界轮回之内，然而为了济度众生，仍然立誓不断除微细的烦恼余习，发愿受生三界，广利群生。

另外，也有的菩萨虽已证得涅槃，但他"智不住诸有，悲不住涅槃"，仍然发心倒驾慈航，在生死海中度脱众生。如经典中记载，观世音菩萨早在无量劫前已经成佛，号为"正法明如来"，因其慈心悲愿而倒驾慈航，再来娑婆度化有缘众生；文殊菩萨则是过去平等世界的"龙种上尊王佛"，他也是因大智力故，游诸国土，度脱群迷。

菩萨度众固然是由于慈悲心所使，另一方面也印证了"佛果在众生中求"的道理。离开了众生，就没有佛道可成，所以即使是登地的菩萨，为了成佛之故，也必须要借由利益三界众生，来修利他之行。

菩萨"扶惑润生"、"倒驾慈航"，都是为了救度众生，尤其许多大菩萨都发心到最为边苦的地方去度众，因为愈是痛苦的众生，愈需要菩萨的救拔。

菩萨以"念念上求佛道，心心下化众生"为修行，反观娑婆世界的凡夫众生，常常假借修行之名，隐居山林，过着避世遁俗的生活，以求自我了脱。其实，六祖惠能大师说："佛法在世间，不离世间解；离世求菩提，犹如觅兔角。"远离尘世，离开人群，何来修行可言？何有佛果可证？

所谓"未成佛道，先结人缘"，真正的修行，就是为人服务，就是发心利他。因为世间一切都是因缘所生法，我们每一个人的生存，都是靠着父母亲人、社会大众，包括士农工商等各种因缘共同成就，我们才得以存在。别人成就我们，我们也应该给别人因缘，所谓"我为人人，人人为我"，这就是"义工"最大的意义。所以学佛修行，就是行菩萨道，进而成就佛道。在完成佛道之前，要先发心为人服务，最好的途径就是做大众的"义工"。

义工是无价的，当义工不是为了钱，纯粹在于奉献；当义工也不是为了出名，最主要的是学习慈悲、学习笑容、待人和善、给人欢喜，让功德种子传播，广结世间、出世间的善美因缘。

现在社会上的各种公益、慈善团体，乃至医院、学校等地，都需要义工服务。尤其佛教的寺院更提供了许多当义工的机会，包括文教、社教、知客、法务、行政、公关、文书、典座、行堂、施茶、交通、水电修缮、各种活动、慈善救助、医疗义诊、排难解纷、弘法布教等等。如果一星期中能布施几个小时的时间，为人开车、发心讲说佛法或授课教人技艺、投身教育文化事业、热心社会慈善公益、关怀残障和孤老、送温暖给贫病苦难、做生态环境的维护等善行，必定能处处逢缘。

不过，佛法讲究的是"应机说法"、"应病与药"，所以义工在为人服务当中，要能不忘对方的需要，要能解决对方的困难，因此当义工不但要依自己的性向、专长、时间给予奉献外，还要做到以下四点：

1. **爱语**：世间上最美、最容易做到的布施就是爱语。做好义工的第一步，就是要能讲爱语，例如多赞美佛教好、会员好、道场好、信徒发心等等。一个称职的义工，不但脸上有表情、有笑容，而且有音声、有动作、懂得赞美别人；能在辛勤的工作中加上这些"色彩"，缘份自然会越结越广。

2. **同事**：同事者，就是能设身处地为对方着想，对方的苦难就是自己的苦难；能够站在"同事"的立场，上对下、有对无、富对穷的感同身受，就能激发帮助人、包容人的热心与胸怀。

3. **利行**：利行就是给人方便，随时随地协助对方、救助别人。有时只是举手之劳，或是给人一个因缘，都能助人渡过难关，这都是利行的善举。

4. **喜舍**："舍"就是布施，肯将时间、力量布施出来，才能将欢喜布施给人；不能舍者，如何给人？所以喜舍就是布施欢喜、布施佛法给人。没有佛法的布施，不能称为"舍"；希求回报的布施，总是贫穷，能够"无相布施"，才能名为"喜舍"。

人生的工作，有时是为了生活，有时是为了事业，有时是为了兴趣，有时是为了人情，有时是为了信仰，有时更是为了"义"。在佛门里当义工，你的发心，"佛祖会知道"；你的奉献，"因果不会辜负人"。在佛门里发心工作，除了为大众服务，也是为自己培福，广植的福德因缘生生世世都能受用，其价值是无形的。所以当义工，看起来是为人，其实最有利益的还是自己。

当义工可以得到什么样的利益呢？诸如：增加自信、快速成长、结交朋友、广结善缘、发掘才能、勇于承担、解行并重、自利利他等等。尤其发心当义工，能以工作来为人服务，甚至把工作当成是自课修行，从义工服务中广结善缘，修福修慧，一旦人道完成，自然"人成即佛成"。因此在学佛道上，只要能学习菩萨倒驾慈航的悲心、扶惑润生的愿力，以义工服务来自度度人，自能成就圆满的菩提道果。

三、菩萨永为苦海舟航，义工常作不请之友

《法华经·譬喻品》说："三界无安，犹如火宅，众苦充满，甚可怖畏。"佛教每说到世间，总认为娑婆似苦海，三界如火宅，把人间比喻得像牢狱一般可怕，致使一些初次接触佛教的人，视学佛为畏途。

尽管如此，但不可否认的，"苦"本来就是世间的实相，人生本来就是苦海，因此娑婆世间才需要"千处祈求千处应，苦海常作渡人舟"的菩萨。甚至由于众生无始劫来，常在五

趣六道里轮回，生生死死，死死生生，忽而上升天道，忽而堕落畜类傍生，仿佛在无边无际的生死苦海中载浮载沉一样，时时刻刻都需要救度，因此菩萨才更发心永为苦海舟航，愿做众生得度的因缘而不生厌离之心。

菩萨为什么能慈航普渡，久住世间教化众生而不觉得疲倦呢？主要是因为菩萨"不忍圣教衰，不忍众生苦"，因此生起大悲心，回入于大乘。菩萨不以二乘的有余涅槃为满足，而能发起"回小向大"的勇猛精进愿行，不畏众生难度，不惧佛道长远，心如金刚磐石，住于菩萨本愿。

所谓"菩萨本愿"，就是愿意承担众生的苦难，而且不舍弃一切众生，犹如孝子对父母的爱敬一般。菩萨为了利益众生，没有一念为己之心，他不乐求世间的种种欲乐，却是无苦不经；既乐求无上佛果，同时又兼修利他之行，因此所经的时劫不可限量。

菩萨因为修行历经久远时间，难行能行，难忍能忍，因此面对人间的逆境、人事的毁辱，都能忍辱不嗔。如《金刚经》中的忍辱仙人，当被歌利王割截身体时，丝毫没有嗔恨之心。再如《法华经》里的常不轻菩萨，有人欺侮他、伤害他、侮辱他、谩骂他，他不但不生气，并且恭敬礼拜说："我不敢轻视汝等，汝等皆当作佛。"

由于菩萨度众不求报偿，无怨无悔；知恩报恩，不怀怨结；视人如佛，怨亲平等；自他一如，无我度生，故能精进不懈，入不退转。

"不退转"是菩萨"普化群迷入慧海，度诸有情趣觉岸"

的利器，也是众生成佛不可缺少的动力。因为在漫长的佛道上，所谓"发心容易，恒常心难持"，有些人兴致勃勃地发心学佛，但是禁不起境界的考验，只要受到一点挫折就退失道心，稍微受到一些伤害就灰心丧志，所以佛门有一句话说："学佛一年，佛在眼前；学佛三年，佛往西天。"这都说明：佛道长远，若无恒常心，则露水道心终难成就佛果。因此，学佛除了要发大心之外，更要持之以恒，就如菩萨永为苦海舟航一样。

学佛不但要发恒常心，还要能"不忘初心"，同时更要作众生的"不请之友"。"不请之友"就是要主动，要有"自告奋勇"、"舍我其谁"、"直下承担"的发心。

一般人做事都是要人请托才肯帮忙，其实真正有慈悲喜舍心的人，当别人有任何需要的时候，不用请，都会主动帮助。如《维摩经》所说"众人不请，友而安之"，无论对亲友或社会、国家，都能常做"不请之友"，这就是义工的最佳精神。

中国的法显大师到天竺求法、玄奘大师发心西行取经，乃至东渡日本传法的鉴真大师，他们都是愿做众生的"不请之友"，因此才能完成艰巨的任务。

此外，日本幕府时代，铁眼禅师有感于日本佛教大藏经严重缺乏，佛法难以普及，因此发愿刻印一部大藏经。他历经十余年的奔走、劝募，期间有二度已经募足经费，却因日本境内遭逢天灾，禅师为了拯济灾民，立即将募款移作救灾之用，随后又重新劝募。虽然过程中备尝辛苦，最后终于如愿完成一部总数七三三四卷的《铁眼藏》。在佛教史上，这一类的事例可以说不胜枚举。

其实，佛教里的诸佛菩萨，都是众生的"不请之友"，因为佛菩萨救度众生，并非因应众生祈请，乃是大慈悲心感应而亲往赐予善法，所以对众生而言，他们都是"不请之友"。

诸佛菩萨为让众生得度而作不请之友，众生也应该效法诸佛菩萨的精神，主动走向社会，做大众的义工。国际佛光会就是秉持这样的精神理念而创办，因此平时不仅重视家庭的和谐，同时也要求会员关怀社会。为了表达佛光会对社会的关怀，每年赈灾救济无数，例如：

今年（二〇〇八）五月，大陆四川发生严重大地震，我们在第一时间捐出一千万人民币，佛光会随后召集一批专业医护人员，组成救难队，迅速深入灾区，展开"救援"、"医疗"、"民生物质"、"人道关怀"等四合一的救灾行动。

二〇〇四年印尼大地震，引发南亚海啸，灾情严重。国际佛光会闻讯后立即组织救援队前往赈灾，佛光山也同时发起派下教育单位在全台同步行脚托钵，将所得捐助灾区失怙儿童，做为教养基金。另外并捐款五十万美金给印度，作为第二波海啸赈灾计划，启建孤儿院。

二〇〇三年全球 SARS 肆虐，台湾地区也未能幸免。当时我人在日本，回台后率先为和平医院祈愿，安抚恐慌的医护人员、病患、家属及社会大众。而佛光会也全面动员，分别在机场、车站等公共场所轮班替民众量体温及倡导正确防护常识，并为抗疫殉职的医护人员举办超荐及助念法会，同时号召全世界佛光会员捐赠 N95 外科医疗口罩四十万余个、隔离防护衣十万余件、温度计三千个、美金二十二万元等。

二○○一年美国发生恐怖分子攻击双子星大厦的"九一一"事件，我除了率领徒众亲至废墟洒净，当时佛光山梵呗赞颂团正在美国巡回演出，并将演唱会门票收入的二十万美元悉数捐出，作为灾后重建基金。乃至美国中西部水灾、洛杉矶火灾、纽奥良飓灾等，佛光会也都救灾不落人后。

二○○○年台湾"九二一"地震后，全球佛光人迅速成立世界性"援助震灾中心"，从救灾、重建、安顿到心灵抚慰，全程参与。此中包括第一时间提供灾民粮食、饮水、货柜屋等，以及灾区的消毒除疫、义诊医疗、诵经助念、祈安法会、心理咨商等。之后并协助灾后重建，为灾民兴建组合屋，以及认养中科、爽文、平林、富功等国小的重建工作。另外还设置十四个佛光园心灵加油站，长期陪伴灾民平复心灵的创伤。

此外，一九九四、一九九六年台湾因受台风侵袭造成严重水灾，总共捐出二千余万元赈灾；乃至大陆华南水灾，也曾赈灾五十万美元。佛光人本着"人饥己饥，人溺己溺"的精神，每于各地发生灾难时作不请之友，展开急难救助。当然，平时的恤贫济弱，也是不余遗力地在做，例如，巴拉圭佛光协会联合当地华人共同出资兴建"中巴佛光康宁医院"，提供免费医疗，造福贫病民众，首创由佛教与天主教合办医院之先例。

其他再如到中南半岛进行慈善之旅捐赠轮椅、到泰北义诊救济，尤其多年来对孟加拉、拉达克、尼泊尔等地协助最多。在台湾也为帮助受刑人改过迁善，成立台南戒毒村、屏东更生之家等。另外，日本大阪地震、菲律宾水灾、香港赤柱监狱、越南船民、美国流浪汉等，也都能感受到佛光会友的怀关。

一般世俗人行事，有所谓"三顾茅庐"，是表示对贤才的诚心邀请；佛教的法会也有"三次召请"，是表示法的尊严，对法的尊重，这都无可厚非。但是一旦遇到关乎人命安危的急难时刻，甚至只要是有义于大众的事，都应该做个不请之友，义无反顾地即刻去做，就如维摩居士主动到酒肆说法，乃至胜鬘夫人致力于儿童教育，都是不请之友，也是今日义工效法的典范。

义工是佛门的天龙八部，是护持道场的金刚护法，是实践菩萨道的行者，义工能如《维摩经》的"不请之友"，乃至做到《华严经》的"不忘初心"，《八大人觉经》的"不念旧恶"、《大乘起信论》的"不变随缘"，护持三宝，弘通正法，精进修慧，利乐有情，必能健全人格、升华道德、净化身心，最后终能达成生命的圆满。

四、菩萨修证阶位不同，义工奉献层次有别

俗语说："没有天生的弥勒，没有自然的释迦。"菩萨不

是生下来就是菩萨，从菩萨的因位到成佛的果位，要经多生累劫精勤不懈的修行，成就各种济世利人的功行才能完成。当中必须经过十信、十住、十行、十回向、十地、等觉等五十一个阶位；就如要成为大学教授，必须经过小学、中学、大学的学习，最后取得硕士、博士学位等，才有资格任教。

也就是说，凡开始发菩提心的"初发意菩萨"，必须逐渐实践四弘誓愿、四无量心、四摄法门、六波罗蜜等行门。自此就像初入学的学生，一年又一年地往上升级，自觉觉他、自度度人，一直经过五十一个阶位，自他圆满后才能完成佛道的理想。

由此可见，菩萨道的修行，由烦恼的凡夫而至四双八辈的阿罗汉，而至断除烦恼的等觉菩萨，乃至于功德圆满的佛陀境地，都有一定的次第。而菩萨的境界也因实践功夫的深浅而有不同，即使登地的菩萨，也还有欢喜地、离垢地、发光地、焰慧地、难胜地、现前地、远行地、不动地、善慧地、法云地等十地的分别。进入初地欢喜地的菩萨，方才称为地上菩萨，在初地之前的为地前菩萨。地前菩萨要实践三十七道品才能离凡超圣。

所谓三十七道品，也就是四念处、四正勤、四神足、五根、五力、七觉支、八正道等，是调治恶行，长养善法，断除无明，庄严法身以进至菩提的资粮。这三十七道品即使是修至十地的菩萨，仍然要勤持不懈。

菩萨的修行尤其要经过"三大阿僧祇劫"的漫长时间，此中第一大阿僧祇大劫，是以修信心为主，满十信阶位，修到现证空性。第二大阿僧祇大劫，已转凡成圣，为地前菩萨，修到七地清净无相的境界。第三大阿僧祇大劫，进入八地"不动地"无相无得，无证无悟，成无生法忍，尽断三界惑已，才能位居补处。

在此漫长的修行阶段，必须要自我精进、自我要求、自我策励、自我印证，尤其要"闻佛道长远，不生退怯；观众生难度，不生厌倦"，否则如舍利弗昔日在因中修行时，回小向大，转发大乘心，当他正要进入菩萨第七不退住的时候，有一位天人化为孝子来试探他的大乘心。结果舍利弗在布施眼珠后，忽然觉得众生难度，菩萨心难发，因此动念想要自利修行，不想再进修大乘。可见菩萨发大心救度众生，如果没有勇猛精进的大愿力与度众不倦的大悲心，大乘心是不容易发起，佛道也是不容易成就的。

菩萨修证有阶位的不同，义工奉献也有层次的差别。义工发心，有人为名，有人为利，有人为了别人的感谢、反馈。乃至现在社会上，尤其美国的社会里，对于一些违规犯法的人，往往要他到社区服务，或到寺院当义工，以劳役代替惩处。例如佛光山在美国的西来寺，经常接受由法院、学校、警察局推荐前往服务当义工者，为数不少。当中有驾驶超速者，有到商店购物没结账就将商品外带而违法者。

另外，也有学校以当义工做为考核学生品行的公共服务，服务时间长短不一，多则七十天、二十天，少则四十二个小时、二十个小时不等。大部分的义工在西来寺清扫环境、擦拭窗户、厨房拣菜、导览说明、行堂典座，他们每天来寺服务三至四小时，全部服务结束时，由西来寺出示证明，其所犯的违规等不良纪录就会因为从事有益大众的服务而注销。

能够"以工代罚"、"以功补功"，用积极行善来弥补错误，也算具有正面的教育意义。不过，真正的义工，要能不为名不为利，真正做到"无相布施"，所谓"无住生心"才是可贵。

另外，做义工为人服务奉献，就是结缘、就是播种。虽然"菩萨度众不分怨亲"，义工服务也应该没有国界之别，但是布施的"心田事不同，果报分胜劣"，所以还是应该选择有价值的福田去播种，也就是要提升层次，要有未来性。

在佛教里，布施分为三种：

1. **财施**：又分内财施与外财施。布施头、目、脑髓生命，叫做内财施；施舍田园舍宅、衣食财宝，称外财施。

2. **法施**：就是以佛法化导众生，使其得度，称为法施。

3. **无畏施**：这是属于精神力量的布施。包括给予苦难者以精神上的慰藉，使他远离恐怖畏惧；或者自己持戒忍辱，不侵犯他人，使对方免于畏惧。譬如观世音菩萨闻声救苦，使众生远离怖畏，便是施无畏。

《金刚经》云："若人满三千大千世界七宝，以用布施，所得福德，不如受持四句偈等，乃至为他人说。"法施的殊胜难得，可见一斑。因此布施的层次，第一等施应该是"布施真理，以法示人"；第二等施则是"急公好义，牺牲奉献"；第三等施才是"济贫救苦，恤孤扶弱"，最劣等的布施就是"施而望报，施不甘愿"。

过去我也曾把布施分为四个年级：一年级是布施金钱，二年级是布施劳力，三年级是布施语言，四年级是布施心意。因为布施金钱，如果钱很多，不会用也不行；布施劳力，有时也没有那么多的事可以做。但是好话不怕多，尤其如果能够"心香一瓣"，不断存好心为人祝福，不断以教义、佛法传人，更是无上的布施。

所谓"诸供养中，法供养第一"。对于在佛门发心的义工，我希望大家能从事物性的帮忙，逐渐发展到法务的参与；平时不仅只是在电梯门口，向来往的信众点头招呼，更能坐下来代表常住，陪来访客人参观或谈话，让每一位来访者都有所得地把法喜带回去。自己则在义工服务中，也能怀抱法喜，广泛学习，从中获得信仰的提升，道业的增长，这才是第一等的义工，也是最高层次的义工。

"义工"，顾名思义就是有情有义，是出自欢喜的发心，用心甘情愿、满怀喜悦、无怨无尤的胸怀为人服务，并且是全力以赴从事义务性的工作，以服务人群、造福社会为目的。因此虽然没有领薪，但是所从事的工作却是无价的；虽然默默耕耘，但是所得到的喜悦却是无穷的。

我自己一生也都是从事无给职的工作，我曾担任"蒙藏委员会"的顾问，以及"侨务委员会"的委员、"法务部"的监狱教诲师等，凡此都是"没有待遇的工作"。但我做得很欢喜、很自然，我乐于做社会的义工，我以"义工"自居，但从不自我标榜。因为想到自己一生的衣食住行，乃至知识的获得，都是靠别人为因缘，所以父母就是我的义工，老师也是我的义工，十方信施助我完成弘法事业，都是我的义工。

义工者，不一定要求得报偿，而要带着感恩、感谢的心才能当义工；如果带着施舍之心，觉得自己是在给人，便难以做得长久。今年七月，我在四川灾区捐赠救护车和轮椅，当时我就说：我不是来施舍的，而是怀着感恩心而来，因为生长在四川的杜甫、李白、苏东坡，他们的学问、思想，营养了我、丰富了我，让我在文学意境中成长。甚至少年时看《三国演义》，刘关张"桃园三结义"，诸葛亮"六出祁山"，他们在蜀地建国，在四川精彩的"隆中对"，都助我成长，所以此行我是来报恩的。

建立"报恩"的思想，让我觉得人生很富有，也激励我要更加努力反馈社会大众的恩惠；"滴水坊"就是在这样的信念下建立起来的；佛光人的工作信条"给人信心、给人欢喜、给人希望、给人方便"，也是本着义工报恩思想而订定。

我出家六十年，也做了六十年的义工，虽然在弘法利生的工作上，没有星期日，没有过年，也没有假期，但我在工作中得到的快乐和法喜，不是金钱可以买得的。

回想五十多年前自己刚到台湾时，在中坜落脚。每天清晨微曦乍露，我就得起床拉着板车，走十五里的黄土路，到市场叫醒菜贩，备办八十人份的柴米油盐，再匆匆赶回寺。早餐以后，我快速将环境清理整洁，又到井边打六百桶水，供全寺住众使用。日间还要负责厕所的清扫工作，那时缺乏刷洗用具，所以常常要用双手把垢秽扒尽。寺里有人往生了，我帮忙装在木箱里，抬出去火葬。每逢秋收时期，我挑着担子，穿着木屐，替常住到各处收租。那年我才二十三岁，虽然每天劳役繁重，但我一直十分感谢寺主的收留，给予我工作的机会，成就我担当的能力。

一九六四年我创办佛教学院，四十多年来不但不收学费，还供给学生食宿、衣单，自己并曾担任无给职的校长、老师。我欢喜做青年的义工，甚至我办《今日佛教》、《人生杂志》、《普门杂志》、《觉世旬刊》的时候，自己义务为文撰稿，并且自掏腰包购买邮票、车票、稿纸、信纸等。乃至四十多年前成立佛教文化服务处时，我经常抽空去当义工，只要一个下午，就可以回几十封信，非常有成就感。

我乐于做教育、文化、慈善的义工，甚至成立云水医院，做苦难者的义工。我不但自己当义工，同时乐于做"义工的义工"。过去我在佛学院担任院长时，总在每次出坡前集合学生，为他们讲解这次劳动的意义，以及工作的内容、做事的诀窍等，让他们在工作当中，体会到更多的佛法，达到解行并重的学习效果。

近几十年来，无论我到哪里，都有很多人愿意跟随我做事，有人问我原因何在？其实我只不过是懂得做义工的义工罢了！例如：要麻烦义工写字，就事先把笔、纸、座位准备好，以方便他写字；找义工拖地时，先帮他准备好拖把、水桶；如果请信徒来浇花植草，就把水桶、水管准备齐全，同时告知水龙头、工具箱在哪里。到了用餐时间，我热心招呼他们吃饭，适时为他们准备茶水、点心；到了收工回家时，也不忘慰问辛苦，赞美他们的成绩，甚至一路送到门口，目送他们的身影远去。

我觉得义工并非理所当然要为我们做事，所以应该回报他们的发心。甚至义工也需要善知识，也要开导、鼓励、加油，因为度众也有疲倦的时候，因此对待义工要体贴、关心、鼓励、尊重、赞美，并且给他们方便，尤其要会带动、辅导、协助，让他们能进入工作状况。

我这一生，一直把服务大众当成是自己的本分事，甚至不但今生乐于做社会的义工，今年九月参加单国玺枢机主教的新书发表会时，我还与他相约，未来生生世世，一个还是做神父，一个仍然当和尚，永远一起为人间做义工。

义工是公民生活重要的一环，从事不以换取经济性报酬的义务性工作，是一项道德义务，不仅嘉惠世间大众，也发扬同体共生的理念。经由个人自发性的努力、发心，能够充分发挥每个人的慈悲爱心，启发社会正义，推动良善风气，对政府的公益事业、福利计划、慈善救助、社会教化都有相当的贡献。因此，若能人人当义工，社会自然会祥和。

人人当义工，正是诸佛菩萨的精神体现！向来以建设人间净土为己任的国际佛光会会员们，希望大家都能发愿当义工，效法诸佛菩萨的精神，以真理为人服务，竖立义工的榜样，并能从服务奉献中自我成长，继而影响家人、亲友、社会，一起从佛法中获得升华。

环 保 与 心 保

生态环保要靠大众的力量共同维护
心灵环保则有赖个人净化自己的身口意三业
平时一般的环保
都是心外的
心中的清净才是最大的环保

地点：中国台湾佛光山
时间：2010 年 10 月 2 日—7 日

副总会长、各位长者、各位理事、各位协会督导、会长、各位贵宾、各位佛光人，大家好！

首先欢迎大家回到佛光山参加佛光会世界会员代表大会。数月前，由于冰岛艾雅法拉火山与卡特拉火山相继爆发，火山灰随着气流向上飘散，严重影响飞航安全，许多欧洲国家空中交通因此严重瘫痪，不少航班无法正常起飞，造成经济上的莫大冲击，也引发世人一阵恐慌。事隔将近半年，现在一切都已恢复平静，尤其今天看到大家能够顺利从五大洲回山开会，内心感到格外欢喜。

谈到火山爆发，有人说：二十一世纪是环保的世纪。确实不错，自从一九七二年，联合国通过著名的《人类环境宣言》，希望唤醒世人保护环境的意识。紧接着又将六月五日定为"世界环境日"，进一步倡导世人认知"我们只有一个地球"，并且达成"人类与环境是不可分割的共同体"之共识，从此环境保护的议题便正式受到世人关注。

之后，联合国多年来屡次召开有关环境与发展的地球高峰会议，并且通过各项国际公约，希望透过国际合作与国际条约的规范，各国能够进行二氧化碳的减量，以及减缓排放伤害臭氧层的有害气体等，以减缓全球暖化的持续恶化。

然而令人感到遗憾与忧心的是，尽管全世界早已意识到全球暖化以及环境生态遭受破坏的问题日趋严重，但是"重视环保，抢救地球"对许多人而言，仍然只是一个口号，并不能落实为实际行动。

原因是当环保与物质需求产生冲突时，多数人仍然以满足生活享受为优先。例如现代家庭中大量使用冰箱、冷气等设备，以及汽机车等交通工具，所产生的废气已严重破坏大气层中的臭氧层；臭氧层被破坏的结果，地球上的生物将无可避免的遭受太阳紫外线辐射之伤害。

另外，人类为了追求物欲，高度发展工业，大量使用媒、石油等矿物燃料，因此排放过多的二氧化碳等多种温室气体，产生所谓"温室效应"，导致全球气候变暖，并且引发极端的气候。

所谓极端气候，就是气候两极化，不是极冷，就是极热，甚至旱涝并至。例如今年七八月间，高温酷暑席卷北半球，日本近万人中暑，五十多人死亡；俄罗斯持续高温干旱，引发森林大火，导致莫斯科被火围城，估计损失一百五十亿美元。

无独有偶，美国中部以及欧洲的葡萄牙、西班牙，也因高温引发森林大火。更严重的是，印度克什米尔经过近半年的干旱后，因为瞬间强降雨，酿成百年来最惨烈的洪灾，共有一百多人死亡，四百多人受伤，六百多人失踪，数千人无家可归。这场暴雨使得被称为"人间乐园"的克什米尔，顿时成为人间炼狱。

正当欧、亚、美洲被酷暑笼罩的同时，巴拉圭、阿根廷等南美洲多个国家，却同时遭受多年罕见的寒流侵袭，造成一百多人死亡，数以千计的牲畜被冻死。

气候变迁，全球暖化，这与人类大兴土木，毫无节制的过度开发不无关联。例如众所周知，森林具有涵养水源、制造氧气、吸收二氧化碳和二氧化硫等废气的功能，可以减缓地球暖化的速度。尤其根据专家表示，世界上最大雨林亚马逊河流域的热带雨林，所产生的氧气占地球总量百分之三十三，因此被称为"地球之肺"。如果有一天亚马逊的森林被砍伐殆尽，地球上维持人类生存的氧气将会减少三分之一，届时不但人类的生存环境恶化，地球的气候变化也将更加难以预料。

这么重要的雨林，可以说对人类乃至整个地球都具有救命之功，可是却没有受到重视和保护，近几十年来已被大量砍伐，用以作为造纸等工业用途，甚至开垦成畜牧场、农业耕地、商业建设等。

热带雨林减少，不仅意味着森林资源减少，尤其生活在森林里的万千生物也将走向灭绝，全球的生态系统更可能因此遭到严重破坏。尤其森林过度砍伐，会使土壤侵蚀、土质沙化，引起水土流失，因此人类滥垦、滥伐、滥建的结果，也让土石流灾情频传。例如台湾在"九二一"地震中，整个南投县走山严重，造成人命伤亡无数；八八水灾更让小林村瞬间夷为平地。乃至大陆的甘肃曲舟与云南贡山也相继因暴雨造成土石流，而让美丽山河一夕变色。

从种种迹象说明，未来对人类生存造成威胁的环境问题，除了全球暖化、臭氧层破坏之外，还包括森林资源锐减、土地荒漠化、物种加速灭绝，乃至垃圾成灾、有毒化学品危害，甚至大量工业废气导致天降酸雨，严重污染河川、土壤，其结果是未来人类还将面临饮水与粮食短缺的重大危机，甚至为了抢夺有限的资源而爆发战争等。

只是到目前为止，各国所关注的焦点，仍然着重在对抗全球暖化的问题上。现在许多西方科学家不断以数据警告人类，全球暖化非常严重；如果人类再不重视环保，再不控制二氧化碳的排放量，那么到了本世纪末，地球将会增温一点四度到六点四度，届时将会毁灭性的改变人类的未来。

为了让所有人理解什么叫做全球暖化，以及地球每增温一度会为人类带来什么灾难，美国国家地理频道特别制播一集名为"改变世界的六度 C"之影片。片中说明，当全球均温上升一度时，美国西部将面临严重干旱，大部分的地区会变成沙漠。

当地球升温两度时，格兰陵的冰层快速融化，届时海平面上升七公尺，一些沿海城市，包括纽约、伦敦、曼谷、上海，甚至台北等，都将全被淹没。

当地球升温三度，过了这个临界点，人类将无力抑制全球温度上升的趋势，届时巴黎的夏季被热浪袭击会成为常态，夏天的北极圈也没有了冰雪，亚马逊雨林会逐渐枯萎，甚至因为干旱而发生雨林火灾。

当地球升温四度时，孟加拉被水冲垮，埃及、威尼斯被海水淹没，世界几条最大的河流可能干涸，因而危及数千万甚至数亿人的生存。

当地球升温五度时，南北半球的温带地区全部不适合人住，洛杉矶、孟买、开罗等城市的水源将会枯竭，届时全世界的难民人数将无以估计。

当地球升温六度时，许多大城市会被淹入海底，届时天灾成为常态。当这一天来临时，应该就是所谓的"世界末日"，人类恐将步上恐龙帝国灭亡的后尘，从此人类文明不复存在。

以上所预言的灾难到底会不会发生？何时发生？全世界顶尖的科学家都不能确定。不过英国科学家霍金倒是率先向人类提出忠告，他认为人类未来若想永续生存，应该放弃地球，及早移民外太空！

对于科学家的种种推测也好，警告也好，我们虽然不必过于恐慌，但也不能当成危言耸听，甚至置若罔闻。因为从近年来人类无止尽的掠夺地球，引发大自然反扑，造成举世之间地震、海啸、洪涝、干旱、飓风、火灾、山崩、土石流等灾难不断，我们也应该有所警觉，那就是：地球生病了！

地球生病，就如同我人的身体有病一样；人生病了要医疗、要抢救，地球病了，也要靠大家来关心、来抢救。抢救地球，首重环保，而外在自然环境的保护，则要靠人类的自我觉醒，也就是要从心灵环保出发。

可以说，如何做好"环保"与"心保"，以免在不久的将来，人类真的沦为气候与环境的难民，已经是当前刻不容缓的重要课题。所以今年的主题演说，就以"环保与心保"为题，从佛教的观点提出四点看法如下：

一、佛教对环保的看法

如前所说，环保是当代最受瞩目的议题，环保包括对自然环境的爱护，以及对一切生命的尊重，现今全世界的环保团体，无不积极致力于环境维护与生态平衡的推动。

其实，佛教早就有"环保护生、抢救地球"的思想，并非现在才有。我们从佛世时，释迦牟尼佛与诸大菩萨们的言行记载中，都可看出佛教是个深具环保意识的宗教。

佛教一向提倡不杀生而积极护生，戒杀护生就是对一切有情生命的尊重。当初佛陀制订结夏安居，就是唯恐雨季期间，僧侣外出托钵会踩杀地面虫类及草树新芽而制定。

佛陀在因地修行时，曾经为了慈悲护生而"割肉喂鹰，舍身饲虎"，乃至阿育王广植树林，庇荫众生，设立动物医院，规定宫廷御厨不得杀生等，凡此都是佛教对于"环保护生"的实践。

佛教讲"大地众生，皆有佛性"、"情与无情，同圆种智"；因为山川草木悉皆成佛，因此"不杀故不滥砍，不偷故不盗伐"。佛教从教义上平等看待一切众生，主张不仅对人和动物要有爱心，对山河大地也要加以保护。

在《睒子菩萨经》提到，有一位睒子菩萨，他每丢一张纸，生怕污染了大地；每讲一句话，唯恐惊扰了大地；每走一步路，担心踩痛了大地，这其实就是一种慈悲爱物的环保意识。

佛教对生态环境的保护，一直扮演着举足轻重的角色。在佛门里，历代的高僧大德，他们植树造林、整治河川、修桥铺路、珍惜资源，并于讲经说法时，劝导大众护生放生，提倡素食，培养大众惜福爱物的观念，所以自古僧侣们可以说都是推动环保的最佳义工。

"环保"这个名词，在古时候虽然未曾出现，但佛教里的阿弥陀佛其实就是一位道道地地的环保专家。阿弥陀佛的极乐净土，黄金铺地、七宝楼阁、七重栏楯、七宝行树，清净庄严，没有水源、空气的污染，也没有噪音、毒气、核能等公害。尤其净土里的人民，都是诸上善人聚会一处，人人身心健全，寿命无量，三业清净，无有三毒，更不会有人随便砍伐林木，放眼所见，都是红花绿树、青草如茵，所以阿弥陀佛称得上是一位最懂得身心环保与国土环保的先驱。

在佛教的净土里，只有公益没有公害，只有美好没有脏乱，佛教是一个非常重视环保的宗教。佛教的环保思想起源于释迦牟尼佛证悟的"缘起"，因为缘起法告诉我们，世间一切都要靠各种因缘和合才能存在。例如，人要在地球上生存，必须有"大地"才能立足；日常生活中更要有"阳光、空气、水分"等生命三要素，才能活命。所以人的生存，离不开"地水火风"等四大。

所谓"四大"，就是组成宇宙万法所仰赖的四种元素。佛教认为世间一切森罗万象，包括地球、人生、一花一草、一沙一石，没有一样不是仰赖地、水、火、风等四大元素结合而有。譬如，一朵花的绽放，要有肥沃的土壤，土壤属于"地大"；花的成长，还要有水分、日光、空气，这就是"水大"、"火大"、"风大"。如果缺少其中的一大，花儿就不能盛开怒放了。

人的身体也是要靠四大和合来维持生命，人体的毛、发、爪、齿、皮、骨、筋、肉，这是坚硬性的地大；涕、唾、脓、血、痰、泪、津，这是潮湿性的水大；温度、暖气是温暖性的火大；一呼、一吸是流动性的风大。

世间一切都是四大所成，地球也是如此！地球的运作，就是靠地、水、火、风来维护着。有了大"地"，我们才能建房子，才能种植，才能生存。有的人一天不吃饭还可以忍耐，不喝"水"，日子就不容易过；有水的地方，生命才能存活，有水的地方，文化比较发达，有水的地方，比较适合人群居住。世间上，不只是太阳重要，人类之所以能生存，并且超越其他动物，就是因为发明了"火"，火对人类的文明很重要。世间上任何一种生物，少了空气都不能生存，所谓"人命在呼吸间"，没有"风"的流动，缺少空气，一切生命都将窒息而死。

"四大"提供生命存活的条件，但是"四大"也时时在威胁着生命的安全。自古以来，人类不都是一直在与大自然的水火风灾奋斗吗？在我们看似平静的生活里，谁也难保不会忽然遭逢地震等灾难。例如今年元月起，先是海地发生七点三级的地震，接着二月，智利发生八点八级强震，同时引发海啸；隔了一个月，中国青海玉树也发生七点一级地震，都造成严重的人员伤亡与财物损失。

其实，地球也不是现在才有地震，乃至水、火、风灾等劫难。佛经记载，世界的成立分为"成、住、坏、空"四劫，当"坏劫"到了末期，即使色界天也免不了遭到"火烧初禅、水淹二禅、风吹三禅"等"三大灾"。

根据佛法所说，人在造业以后，由于罪业深重，加上福德享尽，一旦业障现前，就要受报，灾难因此接续而至。首先是"劫火洞然"，初禅天以下全为劫火所烧，这就是"火烧初禅"。火灾以后就是水灾，整个世界陷入一片汪洋，此即"水淹二禅"。接着"风打三禅"，这又比较严重一点，就如发生水灾时，居住高地或高楼层的人不会受到影响，但如果台风来了，比较脆弱的房子就会被吹倒。当然，坚固的房子还是不受影响。

现在常听到有人讲"世界末日"，依照佛教的说法，人有生、老、病、死，心念有生、住、异、灭，气候有春、夏、秋、冬，世界也有成、住、坏、空；既然有"成、住、坏、空"的循环，当然会有世界末日。

不过，我们也不必过于杞人忧天，因为佛教所谓的"末法时期"，也就是一般所说的世界末日之来临，假如以佛经里的时间来推算，距离现在还要多少万年以后。只是现在仍难免有部分的灾难，但不是普遍性的，不至于一下子就把地球毁灭。

再说，虽然初禅、二禅、三禅天会因三大灾而毁坏，但还有一个四禅天，到了四禅天就没有劫灾了。因此，即使现在地球上存在着地、水、火、风等灾难，只要我们自己的福德因缘具备，未来有福报的人就能住在四禅天。所以，我们不必害怕，也无须担忧；与其担忧害怕，不如作福要紧。只要我们慈心爱物，积福修德，好好地爱护地球，就能延长其寿命。只是，地球的未来到底会如何，还是得看人类的作为而定，因为世间一切，自有因果关系！

二、环保对吾人的重要

早在一百多年前，美国一位印第安酋长西雅图曾经说过一句震撼世界的名言，他说："地球不属于我们，我们属于地球；我们人类只是蜘蛛网中的一丝一缕罢了。"

这句话其实就是告诉我们：人类使用地球，但并不是拥有整个地球。因为在地球上，还有万千的含识生灵、情与无情，也和我们共同生存在地球上，大家都是地球村的一分子，应该享有同样的生存权，所以我们要给予尊重、爱护。

尊重生命，保护生态，这就是实践环保，就是爱护地球；相对的，爱护地球，就要保护自然生态，就应尊重一切众生生存的权利。

宇宙之中，不只是人有生命，青山绿水、花开花谢，乃至山河大地、日月星辰，都有生命。唯识家讲"三界唯心，万法唯识"，大自然里到处都有生命。时辰钟表，没有我的用心、智慧去制造它，如何能成？所以时钟里有我的生命存在；

一栋房屋，因为我的设计、监工才能成就，房屋中就有我的生命存在。

生命是世间上最宝贵的东西，从佛教的观点来看，凡是能动的、活的、有用的，都有其生命存在的意义与价值。生命的价值就是慈爱，生命的意义就是珍惜。因此，一件衣服、一张桌椅、一架冷气机、一辆汽车，只要你好好爱惜它，不随便破坏，让它多使用几年，就是延续它的生命。

世间万物都有生命，因此我们不能只是爱惜自己的生命，也要爱惜他人的生命；因为世界如果没有其他生命的存在，就没有各种成就我们的因缘，"我"也就难以生存了。所以，为了让自己能生存，我们要多多爱惜各种因缘，要与万物建立"同体共生"的关系，要互尊互重、互助互成，如此才能在地球上共同存在。

"同体共生"是当今这个时代，也是这个世界最开明、最美好的思想。所谓"同体共生"，就是大家要"同中存异、异中求同"，彼此包容、彼此尊重，就如人体的五官，要相互共生，才能共存。

遗憾的是，长久以来人类一向自认为是万物之灵，以为人可以主宰一切，甚至自私地认为，地球上的一切生灵、资源，都是为了人类的需要而存在，因此恣意地消耗、浪费，尽情地掠夺、破坏，甚至无情地伤害生灵，残杀生命。

我们看，现代人不论是天上飞的、地上走的，或是海里游的，无一不杀，无一不食。为了满足口腹之欲，毫无节制地滥捕滥杀，使得许多珍奇动物面临绝种的危机，间接也严重破坏生态的平衡。

另外，因为人类的贪婪和不重视环保，违反自然循环的准则，使得地球千疮百孔，严重生病。例如几十年来，台湾许多山坡地由于休闲需求及种植茶叶、果树等而滥建、滥垦、滥伐，导致土石流，造成水库及河川淤积大量泥沙。甚至由于滥采沙石，造成桥断路危；滥抽地下水，造成地层下陷；任意燃烧有毒废料，以及废弃物、工业废水、核废料、商业肥料等处理不当，造成空气、水质、大地的污染。

面对自然环境遭到破坏、生态逐渐失去平衡，地球已经受到遍体鳞伤的损害，此时人类应该如何自救呢？我想当务之急，就是人类要有所觉醒，要认知我们所居住的地球，它是虚空中的一个大宇宙，其中自然界的大地山河、森林草原、社会环境好坏，对我们的生存都有重要的关系。因此，我们要感谢各种因缘，我们要珍惜大众的给予，我们要谦卑地尊重生命，我们要平等地对待一切众生。

地球是万物赖以维生的环境，也是人类共同生活的家，地球保护我们的生命，提供我们生存的一切条件；因为有了地球才得以生存，如果失去地球，人及一切众生要安住在哪里呢？所以当地球饱受摧残，难以喘息的时候，身为"万物之灵"的人类，更应该当仁不让，全面做好环保，例如：重视生态保育，不乱杀生；植树造林，不滥垦伐；保护水源，不乱倒垃圾；惜福爱物，做好资源回收等。

"惜福、惜缘、惜物、惜生"，这是佛教里很美好的观念，所谓"惜衣惜食，非为惜财，缘为惜福"，这个道理用之于今日，就是爱护地球，就是注重环保，就是珍惜资源。我们唯有透过实践，力行环保，从外在的生态环保做起，才能让共生的地球青山常在、绿水常流；进而在人格精神上升华、净化，才能为后代子孙保留一个美好的生活环境，人类也才有身心健康的未来。

三、环保与心保的关系

生存，是一切众生共有的权利，但是以人为本的佛教，认为宇宙之间，"人"最为宝贵；在天地之间，所有动物当中，只有"人"能够顶天立地、头顶朝天地立足在天地之间，不像其他动物都是背朝天，无法双脚直立地站起来。

人是万物之灵，但也是问题的制造者，世界上所有问题的产生，都与"人"有关，包括现在所谓的环保问题，也是因为人类的自私无明，破坏了自然界的和谐与循环，以致天灾地变不断。因此，如何解决当前的环保问题，除了做好外在的生态环保，尤应重视内在的心灵环保。

生态环保，诸如自然界的保育、空气的净化、水源的清洁、噪音的防止、垃圾的处理以及辐射的防护等；从居住环境到自然生态，乃至整个地球的保护，都属于生态环保的范围。心灵环保则包括思想、观念、语言、心意的净化，例如：拒绝垃圾知识、思想不被污染，就是思想的环保；观念正确，凡事正面思考，就是观念的环保；口业清净，不讲脏话，不两舌、不恶口，就是语言的环保；心中无烦恼、嫉妒、不平、愤恨等情绪，就是心意的环保。

生态环保要靠大众的力量共同维护，心灵环保则有赖个人净化自己的身口意三业。平时一般的环保，都是心外的，心中的清净才是最大的环保，因此佛教认为，环保观念的建立，应该从人心开始。

我们的心有如工厂，工厂的设备好，则运作正常，产品优良；设备不好，不但产品劣质，连带破坏空气、水源，造成环境污染。因此，提倡环保，应该先从心内做起，心内的环保做好，心外的环保才能完成。如《维摩经·佛国品》说："若菩萨欲得净土，当净其心；随其心净，则佛土净。"

只是我们如何才能做好心灵的环保呢？所谓"工欲善其事，必先利其器"，平时我们扫地要有扫把，洗衣服要有清洁剂，甚至打仗也要有精良的武器；同样的，要把心中的垢秽清理干净，也要有工具和武器。例如正见、正信、慈悲、智慧、忍耐、勤劳、友爱、奉献、牺牲、惭愧、忏悔等，有了这些工具，心灵就能清朗干净，就能打败心中的烦恼魔军，就能所向披靡，攻无不克了。

在经济学上有一句名言，叫做"开源节流"。所谓"开源节流"，不一定只限于金钱、物资，其实人心的贪嗔痴，才是造成生态破坏、能源危机的主要原因。因此，"开源"应开佛法之源，也就是开发自己的惭愧心、感恩心、欢喜心、感动心；"节流"应节省金钱用度，尤其要节制自己的贪欲嗔心。所以，重视环保、爱护地球，必须"开源节流"。

为了推动环保，佛光山在一九九二年的信徒香会中，特别举办"佛光山信徒身心环保净化法会"，让大家共同响应身心环保净化运动，希望从内心的清净，继而影响心外的世界，使内外都能得到净化。

在活动中，我提出力行身心环保的十二大德目：

（一）口中轻声，不制造噪音。

（二）地上清洁，不乱丢垃圾。

（三）手里禁烟，不污染空气。

（四）身心庄严，不行动粗暴。

（五）行动礼让，不侵犯他人。

（六）面上微笑，不出现凶相。

（七）口中软语，不出现恶言。

（八）大家守法，不要求特权。

（九）人人守纪，不违犯纲常。

（十）开支节俭，不任意浪费。

（十一）生活踏实，不空荡虚浮。

（十二）凡事善心，不孳生歹意。

环保要从自己做起，从个人的净化，进而带动国家社会，乃至全世界的净化。因此，近年来佛光山更积极推动人间佛教所提倡的"四给"与"四和"，希望人人在日常生活中，随缘随力"给人信心、给人欢喜、给人希望、给人方便"，从实践佛光人的工作信条中，不断自我净化、提升，继而有助于"家庭和顺、人我和敬、社会和谐、世界和平"的人间净土之建立。

此外，国际佛光会多年来陆续发起"把心找回来"、"七诫运动"、"慈悲爱心列车"、"三好运动"等，也都是为了净化世道人心、改善社会风气而办的心灵环保活动。

尤其，有感于近年来地球暖化的问题日渐严重，为了"抗暖救地球"，国际佛光会世界总会于第四届第五次理事会议时决议，将加强环保行动，全面推动节能减碳、绿化造林、使用环保碗筷、资源回收、垃圾分类等行动，共同抢救地球。

目前全球佛光协会已于世界各地植树五百万棵以上，以"植树救水源"的实际行动响应环保。并且先后于世界各地进行清洁河畔、沙滩、海边，以及整理公园等活动，期使环境获得洁净与绿化。

除此之外，中华佛光协会、人间福报也以举办素食义卖来响应环保活动，呼吁大众共同爱惜地球。同时举办"全民环保抢救地球"国际论坛，邀请经济学家高希均教授主持，除有"环保署"沈世宏署长、挪威国际部分环保顾问Ms. Allison Eun Joo Yi、知名媒体人陈文茜小姐等人出席参加，并有八百多位与会听众齐声念诵"为自然生态祈愿文"，大家共同宣誓，将以实际行动落实"节能减碳，抢救地球"。

最近，每次为信徒们皈依三宝，我都会带着大家讲一句："我是佛！""我是佛"，这是一句很了不起的话，因为如果大家都敢承认"我是佛"，夫妻之间就不会吵架；"我是佛"，人我之间就不会互相责怪、怨恨；"我是佛"，就不会抽烟、喝酒，更不会作奸犯科，为非作歹。"我是佛"这一句话不但救了自己，而且因为"我是佛"，你对人、对世间万物都懂得慈悲、珍惜，这就是心灵的环保，就是抢救地球。

所以，只要人人自诩"我是佛"，人人心中有佛，眼中看到的都是佛的世界，耳中听到的都是佛的声音，口中所说的都是佛的语言，手中所做的都是慈悲的事情。那么，即使是生长在污浊的娑婆世界，我们也能做好心灵环保，进而营建一个清净的国土，这就是人间净土的实现。

四、如何落实生活环保

建立人间净土，这是人间佛教最终的目标，但是我们不能空有理想目标，还要躬亲实践。所谓"说道一丈，不如行道一尺"，现代人虽然普遍具有环保意识，然而如何具体响应，并且身体力行，亲自参与环保运动，更是重要。

落实环保，首先每个人都必须具有环保观念。环保观念的灌输，应该从教育做起，大人要以身作则，做为儿童的示范。例如，父母要教导子女尊重生命、惜福爱物；老师要教导学生尊敬长上、待人有礼等。尤其道德观念的提升，公共环境的维护，都需要从教育上加强倡导。

有一位美国老太太看到一个少年喝完汽水，罐子随便朝地下一丢，老太太就说："年轻人，罐子捡起来，不可以随便乱丢东西。"

少年回答："这是大马路，又不是你家，关你何事，要你多管闲事，我就是不捡起来。"

老太太说："怎么不关我的事？这是我们居住的环境，你乱丢东西，垃圾到处留，让我们的环境受到污染，让我们的地价降低，怎么不关我的事呢？"

确实！在日常生活中，我们不经意的随手一丢，都是在破坏环境；不经意的随手一揉，也是在浪费大地资源。相反的，如果能在生活中随手做好"资源回收"，尤其是废纸的回收，不但能让可用资源再生，而且可以减少树木的砍伐，也是一件功德好事。

根据统计，种一棵树要花十年的时间，砍一棵树却只要几分钟。婴儿从出生到二岁，所用的纸尿布，必须用掉二十棵树。平时每回收一吨废纸，可以少砍长八公尺、直径十四公分的原木二十棵；若能以再生纸代替模造纸，每个月至少可以少砍约四十万棵原木。因此回收废纸制成再生纸后加以循环利用，除可减少砍树量，亦可间接救水源。

废纸回收之外，日常生活中可以回收的资源很多，如果我们能积极配合"垃圾分类、资源回收"，让可用的资源再生，不但可以减少环境污染，也可以让垃圾变成财富。

多年前，佛光山为了筹募佛光大学建校基金，许多佛光人纷纷主动加入资源回收的行列。他们顶着烈日，迎着寒风，不怕辛苦，不嫌肮脏，每天开着资源回收车，从各地把废弃物一卡车、一卡车地回收集中，然后加以分类出售。虽然有时一整车也卖不了多少钱，但是他们就这样慢慢地累积，终于把大学留给人间，也把功德智慧留给自己。

另外，佛光山在台湾中部有一间道场，名为"福山寺"，也是信徒们花了整整十年的时间，累积资源回收的款项所建成。

资源回收、垃圾分类，表面上看起来是个人的行为，但是只要参与的人多，就会在群众之间形成一种相互支持的力量。尤其资源回收本身就是一种惜福、环保的行为，以资源回收所得来办大学、建寺院，更具有修福修慧的双重意义。

福慧双修，这是佛教徒的修持；惜福爱物，则是中国人的美德。在传统的道德观念里，一直有着惜福的环保意识。例如，小时候父母常跟我们说："一个人，一天只能用七斤四两水。"超过了，福报就透支了！

福报犹如银行的存款，有储蓄才能支出；同样的，我们只有珍惜大自然的各种资源，让资源不虞匮乏，人类才能在地球上继续存活。

惜福爱物，本是生活的美德，但是现代社会，物质丰裕，许多人已习惯奢侈浪费，饮食日用无节制，或任意糟蹋丢弃，暴殄天物，不知惜福。

有一位东方的学生到德国念书，他向一位老先生租了一间房子，房子里设备齐全，除了床铺、桌椅、电灯之外，还有冷气。这个学生每次外出，电灯、冷气常常没关。房东告诉他："年轻人，你要节约能源，电灯不用时要把它关起来。"这位年轻学生认为自己付钱租的房子，里面的设备自己有主权爱怎么用就怎么用，因此很不以为然地说："干你何事？"老先生说："年轻人，这是我们国家的能源，每一位住在德国的人都应该爱护国家的能源，如果大家都不节约能源，你也浪费，他也浪费，我们国家的能源少了，国家会穷，大家的日子会难过。"

有道是"只字必惜，贵之根也；粒米必珍，富之源也；片言必谨，福之基也；微命必护，寿之本也"。世间上无论什么东西，都是来之不易，因此要懂得珍惜；生活中能够减少一点浪费，减少过度消耗，不但是爱惜自己的福报，也是替国家社会节约能源，这就是实践环保。

根据一项报告指出，以目前人类消耗自然资源的速度，和全球人口增长速度来测算，再过不到五十年，可能需要两个地球才能满足人类对自然资源的需求。

这项警讯意味着，我们已面临严重的能源危机问题，所以节约能源、保护环境，需要大家一起来。尤其重要的是，人人应该从日常居家、工作中养成习惯，并且力行环保生活，例如：日出而做，日落而息，生活有规律，吃的、用的要适可而止，多买不用就是浪费。平时多到郊外呼吸自然空气，不要一天到晚待在家中吹冷气、看电视，如此不但费电，而且无益身体健康。

尤其，冷气、冰箱所释放的温室气体，以及汽、机车所排出的二氧化碳等废气，都是造成"地球暖化"的元凶。因此，平时出外办事，近程的可以走路，或以脚踏车代步，远途的尽可能搭乘公交车、地铁等。即使自己开车，也尽量"多乘载"，并且要定期保养车子，不让它冒黑烟，车胎随时打气充足，以免耗油，以及避免使用含铅汽油等，都能达到

"节能减碳，减少污染"的效果。

其实，为了避免环境污染，我们应该从"减少污染"，进而积极地"防制污染"，对于具有毒性的废弃物，每个人都应本着道德良心，做好安全的处理。当然，如果科学界能及早为全人类发明出不破坏自然的器物，让资源随用随收，以作能源的重新组合，更是究竟之道。

此外，可以在生活中落实环保的，如养成随手关灯的习惯，甚至睡前把电脑、电视等不用的电器插座拔掉，都有省电的功能。其他再如不浪费消耗性的物品，包括卫生纸、纸杯、免洗筷等。平时购物，要买耐久而非随手可丢弃的物品，如陶制茶杯、餐具、可换刀片的刮胡刀等。

一般家庭用品，可以到批发商大批购买，或买大箱的洗衣粉、浓缩可稀释的洗洁精，尽量减少包装的浪费，乃至优先选用可回收的玻璃和金属容器等。甚至可以组织请愿团，要求当地商店、超级市场减少包装及塑胶品的使用。

工作上，尽可能回收办公室的丢弃物，如信件、便条纸、影印纸、报纸、纸箱、铝罐、玻璃瓶罐、塑胶、X光片、电池、铁丝、铅、铁、铜器等。通讯连络以电子邮递取代信纸；公告或便笺尽可能采传阅方式，减少复印数量；文件尽量两面复印，减少纸张浪费。乃至捐赠废弃的家具、办公设备给需要的机构等，都是一种实际的环保行动。

多年前日本有位环保大臣，提议男性上班时不要穿西装，因为穿了西装，到哪里都要吹冷气，很浪费能源。由此可见，大家都已警觉到能源有限，不能再任意浪费。如果每个人都能像这样具备环保意识，并且在生活中确切落实，我们的地球必能得到养息而逐渐恢复原貌，人类的生存危机也才能化解于无形。

结语

在佛教的《百喻经》里，有一则"鹦鹉救火"的寓言故事：

一个森林失火了，一只鹦鹉从外地衔水来救火。这么小小的一只鹦鹉，一次能衔得了多少水呢？整个山林的大火，哪里是一只鹦鹉衔一点点水就能扑灭得了？这简直是不可能的事。但鹦鹉一点也不以为意，仍然奋力地一次又一次地衔水。

这时候帝释天来到鹦鹉身边，跟它说："你不过是一只小小的鹦鹉，这么大的森林野火，哪里是你的能力所能扑灭得了？"

鹦鹉答道："大火能不能扑灭，我不知道，不过我既然身为这个山林里的一分子，就不能不来解救我所居住的山林，我要尽我的心力。"

因为鹦鹉有这么大的愿心，帝释天听了深受感动，就说："你虽然只是一只小小的鹦鹉，却有这么大的悲心愿力。好，我来帮你的忙。"

于是，帝释天以祂的神力，一下就把山林的火熄灭了。

今日地球面临全球暖化、冰山融化、臭氧层破洞、水资源缺乏等种种问题，有的人不免疑惑："以我们小小的力量，能帮得上多少忙吗？我哪里能解救这个地球呢？"

其实这不是问题，重要的是自己有没有心？所谓"佛说一切法，为治一切心；若无一切心，何用一切法？"今天这个世界需要的是有心人，如果我们对于抢救地球，人人有心、有愿，都想："地球有病了，我要帮助它，不让它恶化下去。"所谓"兵来将挡，水来土掩"，那么地球的灾难就不是问题了。

总而言之，环保是一份必须长期奋战的工作，也是一个超种族、跨国界的世界性运动。今日凡是"地球村"的成员，都有责任关心"地球村"的永续生存。因为佛法明示：情与无情，都是"此有故彼有，此无故彼无"，彼此有着"同体共生"的关系。因此，在迁流不息的转变中，即使是极小的尘埃，都与环境有微妙的关系。吾人对于内心的尘垢，固然应该努力消除、转化，但是对于外在的污染，也应该唤起群体意识，大家身体力行做好环保，那么二十一世纪不但是一个环保的世纪，也将是一个身心净化的美好世纪。

幸福与安乐

淡泊知足是幸福安乐

慈悲包容是幸福安乐

提放自如是幸福安乐

无私无我是幸福安乐

地点：中国台湾佛光山

时间：2012 年 10 月 11 日—14 日

各位贵宾、各位来自世界各地的佛光人，大家好！

国际佛光会世界总会自一九九二年在洛杉矶音乐中心成立以来，今年正式迈入第二十年。回顾过去二十年来，佛光人在世界各地弘扬人间佛教，为人间带来光明与希望，为当地社会服务奉献，也为自己的生命留下历史，首先在这里为各位的发心表示由衷的赞叹。

今日世界，由于科技进步、医学发达，人类的寿命普遍延长。然而，现代科技文明的进步，却也带来人际关系的疏离、冷漠，越来越多的人感受不到人生的快乐与安稳。因此，在今年的大会里提出"幸福与安乐"主题，希望各位能将幸福安乐的观念带回去，并且传播于世界，能在生活中运用，解脱忧悲苦恼，同时扩大心量，提升生命的层次和品质。

说到幸福与安乐，人到世间上，究竟是为了幸福而来，还是痛苦而来？一般人都会想："当然是为了幸福而来！"但是在现实生活里，有多少人在享受幸福安乐？现在大家最常看到、听到的，往往是世间的灾难与哀嚎。诸如大自然的灾害，人为的战争、暴力、饥饿、贫穷，以及个人生活中面临的各种压力，很少人真正感觉到人生是幸福的。

好比一般人热衷于功名富贵，但是功名富贵里有幸福安乐吗？答案并不尽然。一般人喜欢追求金钱、爱情，金钱、爱情里有幸福安乐吗？这也是苦乐参半。甚至于一般人追求自由、民主，就算国家社会自由民主了，但是自己的心里缺少安然自在，这样的人生也感受不到幸福安乐。所以说，长久以来人人希求幸福与安乐，却少有人真正拥有。

如何获得人生的幸福安乐？以下提出四点意见：

一、淡泊知足是幸福安乐

世间上，有的人追求物质的快乐，有的人向往大自然恬静自得的快乐，也有的人超然于物质生活及外在的境界，从淡泊知足中获得精神的快乐。究竟什么样的快乐，才是我们应该追求的呢？物质的生活，是能满足人的需要，却不能为人带来长久的快乐，唯有淡泊知足，才能让我们获得恒长的快乐。

所谓"人到无求品自高"，一个人虽没有华服庄严，没有美食欲乐的享受，但是他不贪求，人品道德自然高贵。淡泊无求的人，不会有嫉妒比较，不会与人对立争执，处人处事不会嚣张傲慢，凡事随遇而安。好比历史上很多的贤德之士，他们受到世人的尊敬，并不在他拥有良田万顷、华厦千间，而是他们以无为有，在淡泊知足中涵养了自己的道德人格，为后人示范了"空无"的生命哲理。

能够脱离欲望的牢狱的人，才有希望找到真正的幸福快乐。如孔子的学生颜回"一箪食，一瓢饮"，一样可以过得自在安乐；晋代陶渊明甘于辞官隐居，悠然自得于"采菊东篱下，悠然见南山"的耕读生活；唐代玄奘大师"言无名利，行绝虚浮"，尽管受到国家特殊的待遇，仍然淡泊名利，保有人格；近代的弘一大师，一条毛巾用了几十年舍不得换，菜太咸了，他也不嫌弃，说："咸有咸的味道，淡有淡的味道。"可见得注重人格修养，安贫乐道的人还是很多。

一般人希求财富名位，其实"享有"比"拥有"更能得到宽广美好的人生视野。好比山河大地、花草树木，虽然不是我的，但是我可以遨游其间，那又何尝不是一种幸福？一个人拥有世间的财富，虽然我没有，但我可以享受清风明月，可以关心身处的世界，将所有的人类视为我的兄弟姐妹。我享有整个宇宙虚空，比"拥有"一个乡镇、一个县市，乃至一个国家、多少财富的人还要更大、更多、更广。因此人生不一定要追求拥有，拥有再多也满足不了贪欲，淡定享有的人生，处处都有幸福满足。

我一直很欣赏客家人的一句话，你问他："吃过饭了没？"一般人会说："吃过了"、"吃饱了！"但客家人不是这么回答，他会告诉你："足了"这两个字很有意义，表示他不但吃饱了，而且吃得很满足。一句"足了！"是多么洒脱自在，多么有自信！哪里还会感到贫穷困顿呢？知足的人是世间最富有的人。

淡泊知足产生定慧之力，你能淡就能定，就能重新估定人生的意义、价值。就像卖菜的陈树菊，她能看淡金钱，才能勇于喜舍，让金钱发挥最大的价值，也才能获得大家的尊重。

淡泊知足是对生命有所为、有所不为，心有所求、有所不求。人能淡泊知足，才能不为形役，就可以安住身心，享受满足的富乐。所以，淡泊知足才是真正的富有，懂得淡泊知足的人，自然拥有人生的幸福安乐。

二、慈悲包容是幸福安乐

慈悲，是一切众生共有的财富，不是佛教所专有。人间有了慈悲，人类才能共存共荣。在佛光会成立之初，我就订下"佛光四句偈"，作为全球佛光人生活奉行的准则。其中第一句"慈悲喜舍遍法界"，便是期许大家开展自己的心胸，效法观世音菩萨大慈大悲的精神，给予众生安乐，拔除众生痛苦，将慈悲喜舍普利一切有情。

有一位金代禅师很喜欢兰花，在寺院的庭园种了许多名贵的兰花。一天，他外出办事，吩咐徒弟在出门的这段期间代为照顾。没想到徒弟在浇水时，一不小心就把这些兰花架打翻了，弟子感到很愧疚，心想："我把师父心爱的兰花摔坏了，师父回来之后，不知道会如何生气？"金代禅师回来后，徒弟去向师父认错请罪，没想到金代禅师不但不责怪他，反而安慰说："我养兰花，一是为了美化环境，二是为了供养佛祖，我不是为了生气而养兰花的啊！"

经云："慈息贪欲，悲止嗔恚"，如果我们能学习金代禅师的涵养，自我省思：我交朋友是为了生气吗？我结婚是为了生气吗？我养儿育女是为了生气吗？我做事业是为了生气吗？肯定不是的！转念一想，自然能息贪止嗔，化解纷争于无形了。

慈悲，不是要求别人，也不是用来衡量别人的尺度，而是要求自己。慈悲不是一味的忍让，不是打不还手，骂不还口，当公平正义受到打压排挤，或者当正人君子遭受毁谤抨击时，可以勇敢挺身而出；慈悲不是一时的感动，而是保持恒长心为人服务；慈悲不是只有对自己的亲友，更不是要求回报的。慈悲不一定是和颜悦色的赞美鼓励，有时为了公众的权益、为了度化刚强之辈，也会现怒目金刚相来折服恶人，这才是难行能行的大慈悲！

慈悲，没有敌人。有了慈悲，就能拥有善缘；有了慈悲，就能融入众中，甚至与宇宙融和一起。有了慈悲包容，所谓"有容乃大"，自然凝聚众人之力，得道多助。过去孔子周游列国讲学，居无定所，却拥有三千弟子；佛陀行脚弘化五印度，讲经时有百万人天参与，常随众也有千二百五十五人。人，有不同的性格、不同的需要，做人处事很难尽如人意，若能用一颗宽厚、包容的心来处人处事，必能广得人缘，受到众人的拥护。

不过，光有慈悲包容还不够，必须辅以智慧力。社会上不少人曲解慈悲的涵意，让慈悲由宽恕包容变成姑息纵容；甚至运用不当，致使慈悲沦为罪恶的根源。例如：滥行放生，反而伤生害命；滥施金钱，反而助长贪婪风气。因此，真正的慈悲包容必须以般若智慧为前导，否则弄巧成拙，反而失去它原有的善心美意。

一位青年为了一道墙和邻居争地，写信给在朝廷做官的父亲，希望父亲能出面帮他把这面墙争取过来。父亲很明理，回给儿子一封信说："万里投书只为墙，让他三尺又何妨？长城万里今犹在，不见当年秦始皇。"简短的几句话，说明人际之间进退应对、包容的智慧和艺术。

佛经有谓："一花一世界，一叶一如来。"在一沙一石、一花一叶中可以见到三千大千世界，表示自然界的万物是共存共荣的。人与人之间也是如此，对于不同的性格、不同的想法、不同的信仰要去包容；国与国之间，不同的宗教、不同的族群、不同的肤色，更要相互包容。

综观世间上的纷争，往往是起因于不同国家、文化、族群、宗教彼此不能互相包容，社会上的贫富悬殊、阶级不平等，才导致种种的对立，这也是当今全人类必须共同面对的问题。要走出这样的困境，只有慈悲与包容。慈悲包容才能唤醒人们的道德良知，社会繁荣进步；才能化解纷争，免去战争毁灭；才能永续长存，促进世界和平。

希望今后我们所有的佛光人，能将慈悲包容的精神，从一己扩及到家庭、社会，乃至全世界、全人类。人间有了慈悲包容，才有可能获得永久的幸福安乐。

三、提放自如是幸福安乐

常听人抱怨："生活的重担，压得我透不过气来。""心里的压力、人情的冷暖让我承受不了。"究竟是什么让人的身心不得安宁呢？

人在世间上，会感到压力沉重，往往是因为放不下。比方：一般人从小开始，就经常计较父母对谁的爱比较多；读书以后，常与同侪比较谁的成绩高下；长大后结交朋友，又常挂念朋友会不会看不起自己；经营公司，每天在金钱利益上锱铢必较；生病了，挂念生死痛苦；老年了，担心无人奉养照顾。

人的心中就是这样百般挂念，担负人我是非、种种的比较计较无法放下。过去曾有一个梵志带了两只花瓶去拜访佛陀。一见面，佛陀就对他说："放下！"梵志依言放下手中的一只花瓶；佛陀又说："放下！"他又放下另一只花瓶。佛陀还是说："放下！"

梵志心中感到不解，说："我手中的东西都已经放下了，你还要我放下什么呢？"佛陀说："我叫你放下，不是要你放下花瓶，而是要你把傲慢、骄嗔、嫉妒、怨恨这些不善的念头和不好的情绪，都要统统放下。"

我经常比喻，做人要像一个皮箱，当提起时提起，该放下时放下。当提起时，应该勇敢承担，要有"舍我其谁"的发心与使命感；该放下时，也要随顺因缘，坦然放下。能放下，便容易再提起；肯向前跨一步，就会有前途。

有一只小狗整天追着自己的尾巴转圈子，大狗看见了，就问他："你在做什么？"小狗说："有人说，我们狗儿的幸福就在尾巴上，所以我要追逐幸福啊！"大狗告诉他："你追着尾巴跑是永远找不到幸福的。只要你昂首向前走去，幸福自然就会跟着你走了。"

提起，是要提起正念、提起正行、提起正语、提起正见、提起慈悲、提起道德、提起善缘、提起精进。放下，必须能大能小、能屈能伸、能有能无、能高能低；放下对名闻利养的贪取，放下对烦恼忧悲的执著，甚至放下对"放下"的妄念，直到无一法可放舍，如六祖惠能大师说的："本来无一物，何处惹尘埃？"这就是真正的放下。所谓"心中有事天地小，心中无事一床宽"，人一旦放下心中的执著，是何等逍遥自在！

提起与放下，是一体两面，是同等重要，提起，不是争取，是一种发心，是一种忍耐，是一种智慧。放下，不是放任随性，而是一种只问耕耘不问收获，只问奉献付出，不计个人得失的菩萨道精神。

历来的圣贤立身处世，无不以济世益人为优先，不计较个人的利害得失，甚至牺牲生命也在所不惜。南宋名相文天祥，抗元兵败被俘，元朝以宰相之位利诱，但是他不为所动，在狱中写下"正气歌"以明志，留下千古的美名；孔子"杀身成仁"、孟子"舍生取义"；关云长义薄云天，养浩然气；范仲淹的"先天下之忧而忧，后天下之乐而乐"等，这些古德先贤，他们放下小我，成就了大我。

再者，佛教教主佛陀，以王子之尊放弃皇宫享受，走向求道、修道、悟道，最后一生行化五印度传教，为众生宣说离苦得乐的妙法。懂得放下，拥有的世界更广阔；勇于提起，渺小短暂的生命，也因为肯得"给人"，更能活得心安理得，自然与幸福快乐相随。

四、无私无我是幸福安乐

人不能离群索居，必须仰赖种种的因缘条件，才能生存，可以说人的一生和社会大众都有着密切的关系。然而人生最大的缺点，往往是从私心、执著而来。例如人与人互动时，常会希望对方能给予同等的回报，结果付出愈多，期待愈大；如果对方没有达到自己预期的理想，就会产生烦恼。因此佛教主张以慈悲提升道德人格，以理智净化世俗感情。

佛门里有一句话："莫嫌佛门茶饭淡，僧情不比俗情浓。"没有私情的执著，看似无情，里面却蕴含无限的慈悲，无限的智慧；在平淡中才是最真，在平常中才能久远。

过去子夏曾问孔子，什么是"三无私"？孔子说："天无私覆，地无私载，日月无私照。"意思是：天地无私，所以能成其大；日月无私，所以能遍照十方。人生要想有一番作为，必须有"无私"的心胸，不管做什么事，都是为别人、为公众而做，自然会有大众的因缘来成就。凡事只想到自己的人，到头来不但没有人缘，没有助缘，势单力薄也难以成事。

无私无执让我们扩大心量，不再以自我为中心。无，不是没有原则，反而是有更大的原则；无，不是没有是非，而是有更超越的慈悲。

有一天，孔子的得意门生颜回到街上办事，走到一家布店门口前，看见两个人在吵架。卖布的要向买布的收取二十四块钱，但买布的说："一尺布三块钱，八尺布应该是二十三块钱，为什么却要我付二十四元呢？"

颜回一听，走到买布的人跟前，说："这位仁兄，你算错了，三八是二十四，你应该给人家二十四元才对。"买布人的很不服气，指着颜回说："你凭什么资格说话？三八是二十三还是二十四，只有孔夫子有资格评断，咱们找他评理去！"

颜回说："孔子是我的老师，如果他说是你错了，怎么办？"买布的人说："如果我错了，我就把头给你，如果是你错呢？"颜回说："如果是我错了，我就把头上的帽子输给你。"

二人找到孔子，一五一十地把刚才的事说一遍，孔子立刻转过头对颜回说："颜回，你输啦，三八就是二十三，你把帽子取下来给他吧！"

颜回一听，顿时如天崩地裂，心想："难道老师糊涂了吗？"但又不敢违背老师的话，只好默默地把冠帽摘下来，交给买布的。

回去以后，颜回愈想愈不对，忍不住问："老师，三八到底是二十三，还是二十四？"

孔子反问他："你认为是头重要，还是帽子重要呢？"

颜回答："当然是生命重要！"

孔子说："这就对了。如果我说三八是二十三，你输的不过是一顶帽冠；如果我说三八是二十四，他输的却是一条人命啊!"

在佛法里,法无定法,权衡轻重之下,三八可以是二十四,也可以是二十三,无须执著于一定的答案,这就是圣者的智慧了。

在我们的生活中,举心动念都可以修行。凡事都能以无私、无我、无执、无求的态度来处世应对,自然会去尊重别人,包容一切,自己人生反而会获得更多,幸福快乐也会随之而来。

国际佛光会自成立以来,就以无私无我的理念为社会服务奉献,期许大家在服务人群的同时,也提升自己的生命意义。无私,才能容众,以众为我,从无私中可以扩大自我;无我,就不容易产生执著,就会为他人、为国家社会着想。做人处事能够无私无执,就能开阔自己的心胸视野,进而感受到人生的幸福安乐。综合以上所说,幸福安乐,是每个人所渴求,也是全人类所追求的愿景,有幸福的人生观才有安乐的生活。希望今后我们所有的佛光人,以及有缘的十方大众,大家都能涵养"知足淡泊"的性格,拥有"慈悲包容"的心胸,学习"提放自如"的洒脱自在,圆满"无私无我"的人格,共同为人类的幸福与安乐奉献心力,创造一个现世幸福安乐的"人间佛国"。

最后,祝福大家法喜充满,人人拥有幸福安乐的人生!